L'ART DE VIVRE AU PRÉSENT

« Espaces libres »

Sous la direction
d'ÉRIC LE NOUVEL

L'ART DE VIVRE AU PRÉSENT

Albin Michel

Albin Michel
▪ *Spiritualités* ▪

22, rue Huyghens, 75014 Paris

www.albin-michel.fr

ISBN : 2-226-12138-2
ISSN : 1147-3762

Sommaire

Conscience et présence

MARC DE SMEDT

La plus jolie histoire zen concernant la conscience de la présence m'a toujours semblé être celle-ci : au réfectoire du temple, un moinillon demande au maître zen :

« Qu'est-ce que la vérité ?

— As-tu fini de manger ? rétorque le maître.

— Oui, dit le disciple.

— Alors lève-toi et va laver ton bol. »

Histoire célèbre qui me fait irrésistiblement penser à la boutade adressée à ses moniales par sainte Thérèse d'Avila : « Mes sœurs, Dieu se trouve dans les casseroles de vos cuisines. »

En quelques mots, tout est dit : les plus hautes questions métaphysiques se trouvent résolues dans l'attention à l'instant présent. Le sens de la vie, le pourquoi du destin, l'énigme de l'absolu, la résolution des doutes, toutes questions sans réponses, sont tranchés par le fil, le diamant coupeur, de la présence au monde dans cet ici et maintenant qui fut la tarte à la crème des milieux branchés des années soixante, mais qui recèle pourtant une fondamentale vérité : tout se trouve inclus, contenu, manifesté dans la conscience pleine du moment pleinement vécu en état de lucidité, en adhésion avec la réalité telle qu'elle est.

Taisen Deshimaru, ce grand maître zen contemporain, disait, avec ce ton radicalement juste qui caractérisait son enseignement : « Tout le monde projette sa vie dans un futur (ou un passé) tel qu'il le rêve et se coupe totalement de l'authenticité de la vie actuelle. Qu'y a-t-il de vrai dans notre vie ? Maintenant seulement existe le temps... maintenant seulement il y a existence. »

Y aurait-il autre chose à dire ? Il faut le croire puisque nous avons consacré un ouvrage entier à ce thème, où nous avons laissé la parole à des philosophes, psychothérapeutes et théologiens qui prouvent combien vaste est la montagne du réel et combien nombreux sont les sentiers qui la jalonnent. Divers et variés, les chemins se trouvent sur la *même* montagne, la *même* terre : cette seule prise de conscience suffit à voir combien nos conflits sont illusoires. Mais qui déchirera le voile de ce rêve que vit l'humanité ?

Avant de laisser la parole à nos invités, je dirai enfin que l'un des outils de la présence — à soi et au monde — me semble être, oui, la respiration. Avons-nous tout le temps conscience que nous respirons ? non. Et pourtant, c'est dans ce souffle qui nous est donné avec notre vie terrestre que réside le secret. L'attention à notre inspir-expir ramène à la réalité intangible de l'instant. Conscience et respiration se confondent : elles sont un.

Au-delà...

ÉRIC LE NOUVEL

En 1977, alors reporter photographe en Érythrée, je fus, un après-midi de janvier, grièvement blessé par un bombardement de l'aviation éthiopienne sur Tessenei, ville libérée par les maquisards.

Dans les premières secondes où, jeté à terre, je regardais mon sang se répandre à une vitesse que je n'aurais pu imaginer, je ne savais pas encore si j'allais vivre ou mourir, tant le fracas des bombes et de la douleur était intense. Entre la vie et la mort, je sentis soudain une présence voilée de blanc descendre sur moi, s'arrêter un instant et partir. « La mort ne veut pas de moi cette fois-là », me dis-je.

Quelques minutes plus tard, sur la table d'opération, les médecins me signifiaient que, quoique atteint sévèrement, je vivrai. Les Érythréens affirmèrent que j'avais été blessé par une bombe à fragmentation made in Israël.

Ce soir-là, dans un faubourg d'Érythrée où j'étais venu chercher la mort — réelle ou symbolique —, bercé du chœur de la souffrance des femmes et des enfants blessés, je vécus une bien étrange alchimie, au-delà de la douleur. Quelle était cette Présence ?

En 1993, je rejoignis une société spécialisée en télésurveillance pour mettre en place un plan de communication avec une nouvelle image de marque. La particularité de ce service est d'offrir une présence permanente (vingt-quatre heures sur vingt-quatre, sept jours sur sept) sur les sites protégés et reliés à des centres opérationnels de sécurité grâce à la téléécoute, la téléinterpellation et la télévidéo. La campagne marketing fut centrée sur le thème de la présence : présence d'esprit, présence service, présence en France. Un concept original et audacieux pour ce marché. Le succès fut sans conteste pour ce métier au croisement de la technique et du service, du concret et de l'abstrait.

Curieusement, au même moment (Pâques 1993) et alors que je revenais d'un voyage en Israël, l'Érythrée devenait un État indépendant après trente-deux années de guerre. Le hasard n'existant pas, je réalisai que la Présence se manifestait à nouveau dans ma vie — dans un processus de création et non plus de mort. Je devais comprendre quelque chose — qu'est-ce que l'on nomme la présence ? — et enquêter sur cette présence dans sa dimension spirituelle et psychologique.

La Présence, face féminine, miséricordieuse de Dieu.

Enfant de la Présence, je dois tout à la Présence. Et nul ne peut entrer dans l'Éden s'il ne passe d'abord par la Présence.

Un souffle au-delà des mots

JACQUELINE KELEN

La Présence creuse, et d'abord le silence. Elle s'adresse à tout notre être et le dépouille d'inutiles gestes et bavardages. On ne peut « parler sur » la Présence mais se tenir en Elle comme en une lumineuse nuée — bienveillante, terrible aussi. Se tenir au centre — et au centre la tempête est apaisée, les vocables sont nus.

Bien sûr, différents spécialistes ou fidèles de religions pourront développer un sujet particulier sur le thème de la Présence (comme par exemple la *Shekhinah* dans la Kabbale) ; pour moi, la Présence n'est pas un exercice d'école mais un appel impérieux à la profondeur du mystère. Elle est le suspens de notre commune humanité, la coupure radicale d'avec le temps et le langage ordinaires.

La Présence requiert, de celui qu'Elle visite, vaste silence — un silence de gratitude et d'abandon ébloui. Les mystiques ont parlé d'« anéantissement de l'âme ».

Dans la Présence, je ne suis rien qu'un souffle. Et un souffle, c'est beaucoup plus que les mots.

Le présent du monde

RENCONTRE AVEC ANDRÉ COMTE-SPONVILLE *

La présence, est-ce un thème philosophique ? Oui et non. Ce n'est pas un concept technique, repéré comme tel dans l'histoire de la philosophie et qui ferait l'objet, chez tel ou tel philosophe, d'une élaboration particulière. Les philosophes parleront plutôt du présent (le plus souvent à propos du temps) ou de cela qui est présent (la substance, les choses, les objets, les phénomènes, les étants, le monde...). Dans les deux cas, pourtant, cela suppose une certaine expérience de la présence : il n'y aurait pour nous ni présent ni objets, ni temps ni étants, ni chronologie ni phénoménologie, s'il n'y avait d'abord cette présence. Présence de quoi ? C'est bien sûr toute la question. Le mot « présence » ne répond pas à cette question. C'est peut-être pourquoi les philosophes s'en méfient quelque peu : le mot « présence », avec ce gros mystère qu'il véhicule — présence de quoi ? ou de qui ? —, tire plutôt du côté de la théologie ou de la

* Propos recueillis par Sophie Pierron-Rigal.

religion, comme si ce qui était présent était forcément le Mystère, la transcendance ou le sacré. Pour ma part, je n'en crois rien. Je dirais plutôt que ce qui est mystérieux, c'est la présence elle-même (le fait que quelque chose est présent) et non pas la nature de ce qui est présent — l'être, comme dit Heidegger, et non pas les étants, ni un Étant suprême. Où l'on retrouve la question de Leibniz : « Pourquoi y a-t-il quelque chose plutôt que rien ? » C'est la grande question, le grand mystère : question de l'être, mystère de la présence ! On ne le supprime pas en répondant : « Parce que Dieu », ni en répondant : « Parce que la matière. » Ce n'est que déplacer la question : « Pourquoi Dieu plutôt que rien ? Pourquoi la matière plutôt que rien ? » La question de l'être est sans réponse ou sans autre réponse que l'être même : la question et la réponse ne font qu'un, c'est pourquoi il n'y a pas de réponse ni, d'ailleurs, de question. C'est ce que j'appellerais volontiers « le mystère de l'être », le mystère de la présence. Ce qui est mystérieux ou sacré, si l'on veut, ce n'est pas ce qui est présent, c'est plutôt que quelque chose, même de très banal, de très profane, de très évident (ce caillou, cet arbre, cette étoile...), soit présent. La question et la réponse ne font qu'un, c'est pourquoi il n'y a pas de question, pas de réponse, mais un mystère : ce qui est mystérieux, ce n'est pas ce qu'il y a (les étants), c'est qu'il y ait quelque chose (l'être). C'est ce que Marcel Conche, lisant Parménide, appelle le « il y a [1] » et qu'on peut aussi appeler, en effet, la présence. Le mystère de la présence, ce n'est pas le mystère de ce qu'il y a, c'est le « il y a » comme mystère.

Qu'est-ce qui vous a amené à cette pensée de la présence ? Montaigne ? Spinoza ?

Ni l'un ni l'autre. Je dirais plutôt que j'ai trouvé, dans les notions de présent ou de présence, de quoi concilier ces deux auteurs qui me sont chers. La pensée de Spinoza se donne d'abord comme une pensée de l'éternité (qu'on tire parfois, abusivement, vers un éléatisme qui nierait tout devenir). La pensée de Montaigne, au contraire, est une pensée du devenir, de l'impermanence, ce qu'on peut appeler un héraclitéisme. Ce qui permet de les concilier, de les articuler ? Le présent, comme point de tangence de l'éternel et du devenir.

Au fond, je suis parti de saint Augustin, de l'extraordinaire onzième livre des *Confessions.* C'était partir en vérité, je le saurai plus tard, d'Aristote et de Plotin. Mais saint Augustin est un bon guide. Il y a trois temps, explique-t-il : le passé, le présent et l'avenir. Or le passé n'est pas, puisqu'il n'est plus ; ni l'avenir, puisqu'il n'est pas encore. Il n'y a donc qu'un seul temps, qui est le présent, et qui est tout le temps. Mais ce présent, continue saint Augustin, s'il restait présent, s'il n'allait pas rejoindre le passé, il ne serait pas du temps, il serait l'éternité : « Si bien que ce qui nous autorise à affirmer que le temps est, c'est qu'il tend à n'être plus. » C'est d'où je suis parti pour le récuser. Il est vrai, très vrai, me semble-t-il, que le passé n'est pas, puisqu'il n'est plus, que l'avenir n'est pas puisqu'il n'est pas encore. Mais le présent ? Il est assurément. En cessant d'être ? Ce n'est pas sûr. Ce qui était présent hier appartient maintenant au passé. Mais le présent n'est pas moins présent aujourd'hui qu'hier. Prenons cet entretien. Son début appartient au passé, sa fin appartient à l'avenir, seule est présente, et d'ailleurs insaisissable, la frange instantanée du mot (ou plutôt du phonème) que je prononce à l'instant... Et le premier bergsonien ou phénoménologue venu nous expliquera, il aura bien sûr raison, que nous ne pouvons nous parler que par le souvenir et l'anticipation, qui seuls permettent de faire le lien entre deux instants successifs. Dont acte. Il n'en reste pas moins que cet entretien n'a jamais existé et n'existera jamais qu'au présent, que nous n'aurons vécu ensemble que du présent. Même chose pour notre vie. Qui a jamais vécu un instant passé ? Un instant à venir ? Nous n'avons vécu, les uns et les autres, que du présent, et c'est ce qu'on appelle « vivre ». Le passé ? Il n'existe que par la mémoire, qui est présente. L'avenir ? Il n'existe que par l'imagination, qui est présente. Bergson a raison : l'instant n'est qu'une abstraction ; ce qui existe, c'est la durée. Mais cette durée n'existe qu'au présent : elle est le présent même, en tant qu'il dure et change. C'est où l'éternité et le devenir ne font qu'un. Car le présent qui reste présent, saint Augustin a raison sur ce point, c'est la définition même de l'éternité. Le temps et l'éternité sont donc une seule et même chose et cette chose, c'est le présent, c'est l'être, c'est le devenir. Je m'en suis expliqué ailleurs[2], et n'aime pas trop me répéter. Il y a là une pensée d'inspiration matérialiste, telle qu'on la voit chez Épicure ou les stoïciens : si tout est présent, tout est matériel. Mais on peut dire aussi que c'est ma façon, bien sûr hétérodoxe, d'être fidèle à la fois à Montaigne et à Spinoza : tout change (Montaigne) et tout est éternel (Spinoza). L'éternité n'est pas un autre monde, qu'il faudrait attendre ou espérer. L'éternité, c'est maintenant : c'est le toujours présent de la présence.

C'est donc une présence sans transcendance, sans foi, sans religion ?

Oui. Pourquoi faudrait-il croire en autre chose qu'en tout ? Et pourquoi chercher Dieu, quand tout est là ? Je me sens proche, souvent, des mystiques, et pour les mêmes raisons qui les ont presque toujours rendus suspects aux yeux des Églises. Si un mystique est quelqu'un qui fait l'expérience de la présence de Dieu, ou qui appelle « Dieu » la présence dont il fait l'expérience, il n'a plus besoin d'Église, plus besoin de dogmes, plus besoin d'espérance : Dieu est là, tout est là, et nous sommes déjà sauvés. Les Églises, au contraire, se nourrissent de l'absence de Dieu et de l'espérance du salut.

Quelle est l'actualité de ce thème pour l'homme de notre temps ?

C'est un thème qui vaut bien sûr pour tous les temps : à toutes les époques, il a fallu le présent, habiter le monde, être présent à la présence. Les stoïciens, dans l'Antiquité, ont dit là-dessus des choses fortes.

Mais ce thème, chaque époque doit bien entendu le vivre et le penser à sa façon. Or, je dirais volontiers qu'aujourd'hui le thème de la présence est à la fois inactuel et urgent. Disons qu'il est intempestif. Pourquoi inactuel ? Parce que tout nous pousse à habiter l'avenir plutôt que le présent. Depuis le travail jusqu'à la consommation, ce n'est qu'une fuite en avant perpétuelle, où le bonheur est toujours pour demain. Il faut aller de l'avant, comme on dit, anticiper, se préparer à l'avenir... Et chacun court ainsi après sa propre mort. Être présent à la présence, ce serait plutôt apprendre à s'arrêter parfois, à regarder le temps passer, à contempler ce qui est plutôt qu'à imaginer ce qui sera... C'est pourquoi il est urgent de revenir à la présence : parce qu'il est urgent de revenir à l'être, au réel, à ce que j'appellerais « le présent du monde » — au double sens du mot « présent », qui désigne à la fois ce qui est actuel et ce qui est donné, la présence et le cadeau. Eh bien voilà : le plus beau cadeau, c'est la présence elle-même.

Présence de quoi ? De qui ?

Non pas présence de quelque chose ou de quelqu'un, mais présence de tous les individus, de toutes les choses : présence de tout ce qui est présent, et cette tautologie dit peut-être l'essentiel. Qu'il n'y a pas à choisir. Que tout est donné. Que tout est là. Non pas une transcendance, donc, mais plutôt l'immanence de tout à tout, la présence de tout à tout, comme une universelle parousie, qui serait l'univers même. C'est ce que les stoïciens appelaient « le Monde », Épicure

« le Tout », Spinoza « la Nature », et que les Modernes appellent plutôt « le Réel » ou, en effet, « l'Univers ». Nous sommes dedans, présents au cœur de la présence, et c'est là encore un cadeau ou, plutôt, c'est le même en tant que nous en faisons partie. Le plus beau cadeau, c'est tout, puisque tout est présent. Il faudrait être fou pour demander plus — pour juger que tout, ce n'est pas suffisant !

Cette folie est la nôtre, presque toujours. Notre excuse est dans la souffrance : comment se contenter de tout, quand tout nous déchire ou nous écrase ? Mais cette folie fait un malheur supplémentaire, qui s'ajoute aux autres. Son contraire est sagesse : il s'agit d'être présent à la présence, au lieu de ne poursuivre que ce qui manque, que ce qui n'est « ni actuel ni présent », comme dit Platon [3], que ce qui nous torture, que le néant ; il s'agit d'aimer et d'agir plutôt que d'espérer.

Voie absolument simple, et pour cela si difficile : il ne s'agit que d'aller où nous sommes déjà.

1. Cf. André Comte-Sponville, *Vivre et philosopher*, éd. PUF, 1992, pp. 160-169. Et, du même auteur, l'édition à paraître des *Fragments de Parménide.*

2. Cf. « L'Être-temps », in *Le Temps et sa flèche*, dir. E. Klein et M. Spiro, éd. Frontières, 1994, pp. 239-270.

3. André Comte-Sponville, *Le Banquet*, 200e. Cf. aussi *Petit Traité des grandes vertus*, PUF, 1995, pp. 305 et s.

L'état de présence à l'approche de la mort

MARIE DE HENNEZEL

Les longues heures passées au chevet de ceux qui vont mourir nous invitent à une méditation sur la présence.

On sait que ceux qui s'approchent de leur mort entrent dans une sorte de temps suspendu. Peut-être que le passé est vécu, et que l'avenir leur est mystérieux et inconnu. Leur perception de l'espace change aussi. L'univers de l'agonisant ne se réduit souvent qu'à sa chambre, les échanges avec le monde extérieur s'appauvrissent. C'est peut-être parce que cet univers se rétrécit à ce point qu'on assiste, comme par compensation, à une dilatation de l'espace psychique, une intériorisation, une sorte de plongée dans les profondeurs de l'être. Aussi les mourants deviennent-ils extrêmement sensibles à la qualité de présence de ceux qui les approchent. Ils perçoivent tout : les retraits, les angoisses, le malaise, mais aussi la moindre attention, et le plus petit geste d'affection se charge alors de tout son poids de communion humaine.

L'accompagnement des derniers instants de vie d'un être humain requiert avant tout cette capacité d'être là. Simplement être là, à l'écoute, disponible. On sait à quel point cette simple présence pose problème. Le fantasme d'être happé, englouti par la mort de l'autre — fantasme archaïque, inconscient —, empêche trop souvent cette présence ouverte et calme. On connaît toutes les stratégies défensives mises en œuvre par ceux que cette proximité avec la mort d'autrui angoisse. La fuite en avant dans l'activité thérapeutique, dans le geste technique, la banalité des échanges strictement limités aux besoins quotidiens, les soins, la nourriture, le confort. On sait comme il est difficile de prendre une chaise, et de rester là, proche, sans rien faire. Dans un être-là ensemble. Comment ne pas être renvoyé à soi-même, à ses propres questions et angoisses ?

On comprendra que la capacité de trouver en soi un lieu de calme, un ancrage confiant dans la vie, une sécurité de base, soit une des qualités nécessaires à l'accompagnement des derniers moments de la vie.

La présence auprès d'un mourant convoque l'accompagnant dans toute sa corporalité. C'est avec son regard, sa voix, le contact peau à peau qu'il manifeste sa présence. On ne mesure jamais assez l'importance d'un contact tactile pour ceux qui connaissent l'angoisse face à la mort. C'est par sa tendresse, qui n'est pas mièvre mais force soutenante, qu'il peut offrir au mourant angoissé la possibilité d'être porté, le temps d'une traversée difficile. La présence devient alors « contenante ». Tel le système de pare-excitation de Freud, elle enveloppe d'une sorte de peau protectrice l'angoisse du mourant, lui évitant de déborder ou d'envahir son espace psychique.

La présence ouverte et calme, au lit d'un agonisant, ne rappelle-t-elle pas celle d'une mère au chevet de son nourrisson angoissé ? Elle est un médiateur, susceptible de métaboliser le chaos, de recevoir le malaise et d'en restituer l'énergie désintoxiquée. Ceux qui ont l'expérience de l'accompagnement des personnes en fin de vie connaissent cette alchimie mystérieuse de la rencontre de deux présences : comment le souffle chaotique finit par se calmer, la paix adoucir les traits souffrants du visage.

Il reste à souligner la dimension initiatique de cette expérience de présence au chevet du mourant. Celui qui va mourir vit une expérience que nous ferons un jour. Il nous rend témoins non seulement de sa souffrance et de son angoisse, mais aussi de la force intérieure insoupçonnée dans laquelle il va puiser — peut-être grâce à notre présence — pour les traverser. À son contact, nous entrons au cœur de l'humain, c'est-à-dire au cœur de cet invisible ressort qui se manifeste chaque fois que l'épreuve nous accule au désespoir, pour nous pousser plus loin. Force de dépassement que notre monde, qui tend à tout aplatir, finit par nous faire oublier.

On comprendra que pour être présent à celui qui meurt, et ne pas se laisser emporter par le flot de l'angoisse ambiante, il faille un minimum de confiance en cette force présente chez l'autre, dans la capacité qu'il a de vivre son trépas.

L'importance d'être là, présent à l'instant, confiant dans ce qui est.

L'attention, force de vie

RENCONTRE AVEC JACQUES DONNARS

La présence est une rencontre qui se fait au creux de notre appareil à vivre entre trois instances :

- celle du corps vivant de sa profonde vie biologique qui fonctionne en temps réel ;
- celle du monde des affects avec son temps cyclique et redondant ;
- celle du discours avec le cliquetis des mots, l'entrechoc des concepts, les échappées poétiques. Ceci nécessite une greffe préalable, la *greffe du langage*.

La vie quotidienne banalise l'échange entre ces trois instances. L'excès de messages brouille la présence. Cependant, soudain, dans des circonstances particulières, la présence surgit à l'improviste et fait effraction.

C'est alors, pour une fraction de seconde qui est une éternité, un chant de l'être, un charme, un *carmen* qui va déployer et donner identité à l'être des profondeurs. Ensuite, le sentiment s'empare du fait brut, puis les mots se précipitent à leur tour pour donner à « entendre », habiller d'un discours habile à relier avec du connu la grande merveille qui s'était verticalisée dans l'instant de l'hors-temps. On ne peut pas parler ici d'expérimenter le processus, il ne s'agit pas d'un « phénomène » physico-chimique observable avec des appareils. L'expérimentateur ne verrait rien à ... et pourtant des milliers de pèlerins ont vu, des milliers de chercheurs de vérité ont perçu... mais quoi ?

On tend maintenant à parler d'« expérienceur » et d'« expérienciel », puisque le perçu n'est pas prouvable pour l'autre. Le mot ne change rien au fait que nous ne sommes ni préparés à vivre ni préparés à décrire ce surgissement. L'appareillage psychique qui voudrait en rendre compte ne fonctionne que dans la relation au monde, aux choses du monde partageables avec la communauté de ceux qui utilisent les mêmes mots, les mêmes images, les mêmes conventions.

La *persona,* ou plutôt les fragments dont elle est constituée, ne peut assumer cette présence qu'en la maintenant au-dehors ; mais quel « dehors » ? La source est dedans, mais comment la dire sinon en tentant de faire comprendre avec des « c'est comme si », autrement dit, avec des symboles et des paraboles ? De toute façon, il est indispensable de saisir que ce qui se passe ainsi à l'intérieur de nous ne vibre pas du même temps que celui des montres. La poésie peut sans doute nous émouvoir suffisamment pour faire passer en nous un certain goût du processus en question. Le lyrisme s'y efforce, mais s'y essouffle. L'intelligence concrète peut cependant tenter d'en rendre compte.

Je distingue trois façons d'aborder le temps :

• *Linéaire,* du domaine de la pensée, par le concept et les mots.

• *Cyclique,* du domaine de l'affectif, par les sentiments.

• *Instinctivo-moteur,* du domaine du transpersonnel, par le vécu. C'est là ce que j'appelle le temps hors-temps, le temps du dedans.

Le centre de la force sexuelle et créatrice se trouve dans la région du sacrum et du périnée. Cette source de la force de vie, de l'éternelle vigueur et de l'éternel présent renvoie, selon les différentes traditions, à la Shakti, à Gaïa, à la Déesse des Origines, à la Shekhinah, à la kundalini. Tous ces noms propres nous montrent que si toutes les traditions savent, chacun de ces vocables ne fait rien d'autre que masquer l'indicible. Selon les époques, ces notions se banalisent ou, au contraire, se cachent — deux manières d'échapper à la conscientisation.

La présence est d'abord cette faculté d'être présent à soi-même et sensible à la manière dont ce flux de vie s'écoule en nous. En fait, nous sommes constamment occupés par la télévision, la radio, mais aussi par des discours intérieurs qui nous rabâchent une foule de systèmes de pensée plus ou moins appris, puis désappris, oubliés puis retrouvés — autrement —, le tout parcouru par des affects flous.

Dans notre reçu quotidien, ce courant de vie se trouve ignoré, j'oserais presque dire « bafoué ». Il est tellement banal, tellement évident que nous avons perdu la capacité de le reconnaître. Il est aussi d'une absolue discrétion, comme s'il ne fallait surtout pas que l'Essence, c'est-à-dire l'essentiel, vienne déranger le cours du jeu de la vie sociale.

Parfois, il faut tout à coup des événements dramatiques pour que « ça » puisse devenir conscient. Ce que les gens cherchent à retrouver avec les drogues — douces ou dures —, c'est, pour une part non négligeable, ce qui est en permanence à l'intérieur d'eux. Hélas, ils le perdent aussi vite qu'ils l'ont trouvé et, à chaque fois, l'évidence lumineuse se révèle plus difficile à ressaisir. Or, cette merveille est tout le temps en nous. La force de vie est là en permanence ; elle n'est pas banalisable si nous voulons bien accepter de la reconnaître. Presque tous les types de prière soutiennent ce recours à l'énergie qui monte, à l'état naissant, à l'intérieur de nous. Bien entendu, il y a les techniques yoguiques, tantriques, zen... Dieu sait si nous en vendons et s'il y a de la clientèle pour l'acheter. Si les gens sont si friands de techniques, c'est qu'à l'évidence quelque chose leur manque, et plutôt que d'accueillir la merveille, tout se passe comme s'il y avait fixation sur le « truc » qui va faire la faire apparaître.

Les bonnes vieilles prières chrétiennes sont branchées sur cette même évidence : alors que l'esprit est depuis longtemps parasité par un automatisme quel qu'il soit, ou par les sornettes qu'on nous débite à longueur de temps, voilà que par les prières du chapelet : « Je vous salue Marie pleine de grâce... », le silence intérieur reparaît soudain et, dans ce silence, le flux, la grande force qui coule, se manifeste comme une évidence — mais seulement si elle en a envie, car il est impossible de la forcer.

L'éternelle vigueur symbolise l'éternel présent ; mais ce n'est pas un présent qui serait dehors, c'est un présent qui est dedans.

Les chrétiens font une chose et ils en pensent une autre. On leur a appris des dogmes fort cohérents, qui tiennent la route depuis deux mille ans. Grâce à cela, ces redoutables combattants de la vie sociale ont créé au nom de l'amour une civilisation subtile et complexe, la société occidentale, que je respecte, toute violente et névrotique qu'elle soit. Mais tout cela est bâti sur un véritable tour de passe-passe, sur une manipulation ; par une sorte de complexification sociale magnifique, on a pris les individus pour les intégrer, les agréger à une civilisation — chrétienne d'abord, puis laïque et républicaine — toujours plus mécanisée, automatisée, médiatisée, « naïvisée » parfois jusqu'à la niaiserie... Or cela se passe aux dépens de la vie intérieure ; c'est étrange d'entendre les prêches actuels des prêtres de paroisse, qui sont devenus les éminents serviteurs de Notre-Dame de la Sécurité. *Caritas*, qui est l'oblativité de l'amour, est devenu charité et celle-ci organisation tutélaire. Le monde chrétien est devenu une succursale des systèmes de bienfaisance ; on a cultivé une conscience sociale subtile et intelligente, et d'ailleurs utile — que je salue, c'est une dimension admirable —, mais on cherche parfois l'autre dimension pour laquelle l'Église était missionnée...

La quête du monde du dedans n'est plus promise qu'au travers de la quête du monde du dehors. Cette réalisation n'a plus aucun rapport avec un système intime et profond de prise de conscience de ce courant, de cette force, de ce flux. Le dedans sacrifié au dehors finit par en attraper mauvaise conscience. Les textes des mystiques deviennent incompréhensibles, voire désuets, et ce sont les sectes qui ramassent dans le ruisseau où ils sont tombés les élans spirituels qui traînent dans la drogue.

Après l'affectif, l'intellect est là aussi pour enregistrer l'instinctivo-moteur, non plus comme force venant du dehors au travers de différents prêches, mais comme force venant du dedans au travers d'une prise de conscience profonde et intime du surgissement de la merveille. La présence est issue des trois niveaux : elle est issue de la rencontre entre l'instinctivo-moteur, l'affect et l'intellect. Mais c'est de l'instinctivo-moteur qu'elle sourd, et si nous ne partons pas de l'évidence de cette présence à l'intérieur de nous, nous passerons à côté.

C'est une expérience que l'on peut faire dans une foule mais qu'il faut d'abord sentir comme intime, profonde. Et, encore une fois, le chapelet est aussi un moyen de faire silence, un moyen d'arrêter le discours social et d'entrer dans la profondeur de soi pour y découvrir la merveille. La merveille est dedans, elle n'est pas dehors ; pour cette raison, le Christ a eu l'intelligence de la ravitailler par le biais de l'Eucharistie.

Selon l'Arbre de Vie, le siège de la présence se trouve dans la *Séphira Malkhut,* le Royaume, là où le retentissement de l'opération de la grâce se manifeste dans la machine à être qu'est notre corps. C'est là que, soudain, vont éclater les hymnes de l'enthousiasme de vivre. Cet *entheosiasmos* signifie, au sens grec du terme : « Dieu à l'intérieur de nous » (*en* : à l'intérieur de ; *theos* : Dieu). Actuellement, l'être humain est pris d'une frénésie de ce type de connaissance ; il a une très grande soif, d'autant plus évidente que ce qui était amené par le dehors comme trompe-faim ne le trompe plus.

Alors, nous sommes bien obligés de nous tourner vers le dedans et de nous dire : « C'est là que cela se passe, c'est à l'intérieur de nous, dans le creux de notre ventre, dans le creux de notre *sacrum* » ; et ce vécu subtil sera alors projeté à l'extérieur où nous le rebâtirons pour pouvoir le nommer — puisque nous ne nommons bien que ce qui peut se symboliser en utilisant les images du dehors qui, elles, ont un nom. C'est ainsi que la force du dedans, qui est indicible, se transforme soudain, par la magie du verbe, en une série de termes inadéquats.

Ce n'est pas pour rien que les humains ont gardé le nom de l'endroit où les choses « se font sacrées », le *sacrum facere* ; cet endroit n'est pas très loin de notre appareil génital, d'où naît le courant de vie qui va faire les générations suivantes et où, par conséquent, le « faire sacré » est particulièrement évident : car c'est du flux du désir que nous parlons, et ce désir — même et surtout quand nous jouons à en ignorer le but ultime — est toujours bien là, non pas pour nous donner notre petit orgasme, mais pour assurer la suite de l'aventure de la vie dans les siècles qui viennent.

Le désir est là comme signe de la puissance du Seigneur à l'intérieur de nous. Il va monter comme le flux de la marée et chaque respir va devenir flux et reflux de la vague qui anime l'âme. La présence ouvre soudain sur la certitude d'un instant qui confine à l'éternité.

La présence douce

PAULE SALOMON

À la porte de mon cœur frappe un mendiant d'amour. Je porte en moi tous les trésors de lumière, d'amour et de liberté.

Exilés de l'amour si souvent, si longtemps, nous pouvons retrouver par instants la merveilleuse plénitude de l'être, ressentir comme une coulée de miel dans le ventre et le cœur, redevenir pleinement vivants.

Les mots ont leur poids de vécu et tentent de créer une résonance chez celui qui les entend, les écoute pour émettre à son tour un chant. Que ce texte ait le pouvoir de créer chez celui qui le lit l'expérience de la présence, tel est mon souhait humble et doux.

Ici et maintenant

Il est possible de prendre conscience qu'à chaque instant je suis à la fois engagée dans la ligne du passé-présent-futur et posée dans l'éternité sans fin ni commencement. Ces deux états se superposent et c'est moi qui choisis d'orienter le fonctionnement de mon cerveau vers la logique analytique de l'événementiel — le cerveau gauche —, ou vers la logique plus synthétique de mon cerveau droit, ou encore dans une troisième voie moins connue, moins explorée. Cerveau droit ou cerveau gauche, il s'agit encore d'agir dans le monde, mais lorsque ces deux cerveaux entrent en communication, une pause se produit, le temps se dilate, la fonction contemplative prend toute sa dimension. Je ne suis plus une théière, je suis un bol. Je reçois. Je n'ai plus rien à montrer, à donner. Je suis pure sensation.

L'extase et la félicité se situent dans cette voie du milieu qui est à la fois physique, psychique et spirituelle. Le temps et l'espace vont se concentrer dans la présence d'un corps, présence horizontale et verticale. Nous pratiquons spontanément l'ici et le maintenant lorsqu'une intensité d'amour, de beauté ou de peur nous soustrait à nous-mêmes, à nos inquiétudes, à notre course en avant. Mais il est possible de pratiquer volontairement cette entrée dans l'ici et maintenant par la méditation.

Méditer

La respiration est le médiateur privilégié entre l'esprit et le corps. C'est par la respiration que nous accédons à des états de conscience modifiés. Plus la respiration devient consciente, plus le corps se détend, plus l'intérieur devient comme frais et repassé, plus les idées s'éloignent pour laisser place au ressentir d'un vide plein. L'être accède à ce nouveau plaisir au bout d'un certain temps de pratique, mais quand on sait retrouver en soi à tout moment cet espace intérieur privilégié, la sagesse en nous commence à tracer un sillon de joie permanente et inspiratrice.

En séminaire, le premier accès à cette dimension peut se faire par la pratique du ressentir. Au début, l'exercice est volontaire et même scolaire. Il se heurte souvent à des résistances. Les participants aiment recevoir des enseignements ou faire des exercices ensemble. Mais se retrouver seul dans la nature et exercer une contemplation active tout en prêtant attention à sa respiration, voilà que tout à coup une forme d'ennui, de vide surgit. Avec un peu de persévérance, pourtant, on dépassera rapidement ce refus de revenir à la solitude du ressenti. L'exercice consiste à s'identifier à une pierre, puis à une plante, un arbre, ensuite à un animal et enfin un humain. Tous les règnes sont concernés. La notion d'identification est très riche et suppose plusieurs couches d'exploration. Pour devenir cette pierre, peut-être qu'au début je vais faire marcher mon imagination et il y aura toujours la pierre d'un côté et moi de l'autre. Je m'applique consciencieusement, je respire, je cesse d'être identifiée à mon propre corps et je me projette dans la pierre. Je deviens lourde comme elle, lourde et dense. Quand je deviens l'arbre, je m'enracine et je m'élance, verticalité entre ciel et terre. Ne faire qu'un avec la fourmi peut faire pleurer d'amour, et s'unir au soleil peut remplir de lumière. Il s'agit de ne plus penser les choses, de ne plus les nommer mais de faire corps avec elles. La sensation d'unité, le fait de se sentir relié à tout ce qui existe, n'apparaît souvent qu'une seule fois dans une vie, mais laisse une trace ineffaçable. Les mystiques témoignent de leur accès à cette expérience d'unité par instants privilégiés.

Mais on peut approcher cette dimension à l'intérieur de soi par un mouvement délibéré. De jour en jour, d'exercice en exercice, l'importance de cette attitude du ressenti face au monde fait son chemin et instaure une manière d'être.

Vivre en ressenti, c'est être présent comme une coupe et se remplir grâce à la théière que représente l'univers. Vivre en ressenti, c'est donner sa place au féminin de l'existence. L'exercice s'affine avec la prise de conscience que nous abordons souvent le monde avec nos jugements — cet arbre est beau, cette femme est laide, etc. —, et que nous ressentons à travers nos jugements. Rouvrir nos jugements inverses et finalement oser « ressentir sans jugement » apporte une expérience métaphysique. Il y a là une voie pour l'apprentissage de l'amour inconditionnel, une voie d'ouverture qui passe par la redécouverte des forces de la nature, la redécouverte de la puissance bienfaitrice de la Déesse-Mère. L'immensité est en moi.

Être source

Quelle résonance le mot « source » introduit-il ? Je suis source, je suis la source. La vie est une immense source jaillissante et j'ai conscience d'appartenir à ce jaillissement, d'en être même quelque part l'origine. Cette sensation est très puissante et développe un sentiment de liberté, de force joyeuse, de force légère. Dans un moment de stress et de rétrécissement de la conscience, cette idée ou cette phrase énoncée : « Je suis source », peut induire un changement radical, une libération. La petite conscience quotidienne se trouve à nouveau englobée, déversée, ressourcée dans la grande conscience. Une détente se produit dans tout le corps, une chaleur commence à circuler au niveau du ventre et de la poitrine. À l'emprisonnement de la victime fait place l'espace du créateur. Les deux pôles de la victime et du créateur ne cessent de se répondre, de se renvoyer l'un à l'autre dans une même personnalité. Entre ces deux pôles, le sentiment de la source établit le sillon plus permanent de l'être.

Être centre

Là où la source évoque l'espace, le centre ramène au point, car la présence est toujours paradoxe. Se centrer, c'est revenir sur soi, revenir à son corps, habiter son corps de conscience. Le centre est en même temps point et alignement. Il y a plusieurs centres d'énergie dans un corps humain et les traditions ne s'accordent pas sur leurs chiffres. En Occident on a surtout retenu les sept centres principaux du sexe, du *hara*, du plexus solaire, du cœur, de la gorge, du front et du sommet de la tête. Ces sept centres sont disposés de manière verticale, et on peut parler d'un axe d'énergie qui relierait le sexe, le cœur et la tête. Apprendre à se réunifier subtilement sur cet axe tout en respirant consciemment apporte un grand sentiment de sécurité intérieure, d'harmonie, et conduit à l'émission de pensées justes. On ne pense bien qu'en marchant, disait Nietzsche, on pourrait ajouter qu'*on ne pense juste qu'en se centrant.*

Tout se passe comme si, entre la pesanteur et la légèreté, cet axe représentait pour l'humain un canal d'allégement, de mutation, un chemin vers la grâce. Apprendre à devenir léger, à devenir un danseur de la vie, c'est une leçon constante et passionnante.

Ceux qui sont engagés dans une voie de transformation adoptent assez rapidement ce point de repère. Quand est-ce que j'agis de façon centrée dans ma vie ? Et cette expression fait allusion à une sagesse de comportement, à une voie du milieu comme dictée par la manière d'être présent à soi-même.

On pourrait dessiner la conscience comme une succession de cercles concentriques autour d'un point central qui représente le soi inaltérable. L'équilibre de la vie intérieure demande de pouvoir se rapprocher autant que possible de ce centre et aussi souvent que possible parce qu'il est source de paix et d'unité, immobilité bienfaisante et éternelle, vide plein.

On pourrait dire que tout, dans notre civilisation, tend à nous éloigner de ce centre et à nous maintenir comme prisonniers des couches les plus extérieures. Sur les plans psychologique et physique, cette situation se retranscrit par une fragilité de la santé et par une tendance à perdre du pouvoir créatif.

Apprendre à revenir au centre représente un véritable retournement intérieur dans la manière de se vivre, dans sa force et son plaisir à vivre. Centré comme un soleil.

Le centre de la croix

D'une certaine manière, on pourrait dire que chaque fois que l'on porte son attention sur une partie du corps on peut se centrer sur elle, et elle devient un centre d'énergie. Chacun des cinq sens constitue une porte d'accès au ressentir, au plaisir, et à l'extase de vivre. L'ouverture de l'odorat, de l'ouïe, du goût, du toucher, du regard, donne accès à l'expansion de l'énergie dans le corps. D'une autre manière, chaque partie du corps a une fonction bien spécifique et les états de conscience ne seront pas les mêmes dans une méditation sur le sexe, sur le cœur ou sur le point situé entre les sourcils. Pieds joints et bras ouverts, le corps humain forme une croix, et le centre de cette croix correspond aussi au centre d'énergie du cœur. Ce point n'est pas une abstraction mais une réalité psycho-sensorielle qui se manifeste par une chaleur, parfois par des douleurs. En respirant sur ce point et en l'élargissant consciemment de plus en plus, on peut obtenir des sensations d'ouverture qui apportent un grand bien-être.

Dans le sentiment amoureux, ce centre est particulièrement activé. L'image de la personne aimée y est présente comme un médaillon. Cet amour pour une personne particulière produit un état de grâce qui peut se répercuter sur tout l'entourage. Dans la voie du cœur, on s'attache à entretenir volontairement ce qui se produit spontanément au moment de la rencontre.

Le poète cultive l'état amoureux, il est amoureux de l'amour, il tente d'inscrire une permanence dans les fluctuations des affinités électives et des désirs. La présence d'un soleil d'amour dans la poitrine devient indépendante des contingences d'une relation. Ce soleil est aimanté par la beauté de l'existence, par la nature, par une rencontre. Il est plénitude qui part du dedans pour aller au-dehors et non l'inverse.

On peut là aussi parler de *retournement de l'être* car à partir du moment où cette dimension trouve l'occasion de se fortifier comme une fleur dans le jardin intérieur, l'amour de soi grandit, la capacité d'amour à l'extérieur aussi et la relation, désormais, ne sera plus vécue à partir d'un besoin mais à partir d'un plein.

En parlant du cœur, on évoque à juste titre la dimension christique. Dans des exercices d'expansion du cœur, j'ai pu remarquer à plusieurs reprises que *la crucifixion et l'extase ne sont que les deux faces de la même médaille.* La dimension christique a été popularisée, coupée du sexe. Chacun peut faire l'expérience qu'avec beaucoup d'énergie au niveau du cœur il n'en aura peut-être pas au niveau du sexe. D'une manière générale, les religions occidentales semblent s'être attachées à couper le cœur du sexe, et à travailler dans le sens d'une élévation du cœur-tête, cœur-esprit. Mais la jonction sexe-cœur ou cœur-sexe est aussi particulièrement délicieuse quand on la retrouve. À notre époque, beaucoup de gens, et notamment beaucoup d'hommes, avouent ressentir une coupure : le sexe fonctionne mieux sans le cœur et le cœur mieux sans le sexe.

Confusément, notre civilisation explore les axes par lesquels elle va pouvoir rétablir une liaison, et les chercheurs de vie sont confrontés individuellement à cette restauration. Entre l'ego et le cœur, entre le plexus solaire et le cœur, entre le langage de l'intellect et le langage du cœur, entre l'enfant intérieur et le critique intérieur, entre le masculin et le féminin, il se cherche un pont, une arche d'alliance.

Regarder la blessure en face

Le roi du Graal saigne, sa blessure est inguérissable et son peuple est malade... Malade par insuffisance d'amour. Collectivement et individuellement, nous sommes blessés, et la souffrance de cette blessure nous entraîne aussi irrésistiblement vers les périphéries de notre être. Sous cette forme, nous tournons et créons inlassablement dans une forme de souffrance et d'insatisfaction. Qui m'aimera, qui me reconnaîtra, qui me fera naître à moi-même ? Aveuglément je cherche dehors ce que je ne peux trouver que dedans. Le chemin du noyau de l'être est parsemé de monstres à affronter, et ces monstres sont nos blessures d'amour accumulées dans l'enfance, dans l'adolescence, ouvertes et réouvertes. Comment tirer le fil du sens, le fil d'Ariane dans le labyrinthe de la vie ? Le labyrinthe n'est labyrinthe que pour celui qui se trouve dedans ; ceux qui sont dehors, ceux qui ont une vue d'ensemble, peuvent communiquer des informations par la voix et par l'image, à distance. Les nouveaux moyens d'information, les nouveaux positionnements de la conscience peuvent permettre aujourd'hui d'avancer différemment dans l'aventure de la transformation. Les passeurs, les médiateurs, les thérapeutes se multiplient et remplissent une fonction essentielle dans cette avancée.

Tant que la blessure saigne, l'ego se renforce et le cœur se ferme comme un bourgeon gelé. Permettre à la blessure de se cicatriser, c'est d'abord lui apporter de l'attention et ensuite de l'amour pour accepter, accepter encore. Le mot « acceptance » est inscrit au centre de la croix et cet accueil autorise le passage à une autre compréhension de la vie.

La présence douce

Le corps est construit d'une manière merveilleuse. Il est le réceptacle du mystère de la conscience et de l'amour. Plus nous revenons à lui, plus nous l'acceptons, plus nous le retrouvons, plus il nous montre la voie du bien-être extérieur et intérieur. En dehors de toute relation sexuelle, le feu du sexe est disponible à tout moment par une simple prise de conscience pour venir irriguer le cœur et la glande pinéale, si justement nommée par les hindous « l'enfant-soleil ». La connaissance tantrique de la jonction sexe-cœur-tête n'est pas sexuelle mais subtile. Elle n'exclut pas le sexe mais elle ne le privilégie pas non plus. L'être est sollicité dans sa dimension vibratoire, l'intériorité grandit humide et sèche, fraîche et chaude, appel constant de l'immense douceur de la paix.

La présence douce est un cristal d'amour né dans l'ombre de la terre et qui continue dans l'ouverture à générer la voie du milieu.

Le point focal

RENCONTRE AVEC RICHARD MOSS *

Souvent, je me demande : la présence existe-t-elle d'elle-même ? La présence à laquelle je pense paraît irradier de certains êtres, être portée par eux. Mais ne provient-elle pas aussi de la dynamique de la relation ? De quoi témoigne-t-elle ? Tout le monde, sans exception, a de la présence ; mais les interférences de l'ego l'empêchent de pouvoir se manifester.

Je ne puis dissocier la présence d'une rencontre, d'une reconnaissance profonde de la souffrance. Le maître ou le saint ont souffert si profondément que la structure de leur ego s'en est trouvée consumée. On ne peut éviter de se confronter à la souffrance si on veut vraiment s'ouvrir à tout ce qui est et accorder l'espace nécessaire à l'exigence de l'instant, quel qu'il soit. Mais quelle est la véritable présence ?

La présence peut s'exprimer sous différents aspects. Elle peut se traduire sous forme de pouvoir,

---

* Propos recueillis et traduits par Claire Lévi.

et est alors inévitablement reliée à la projection d'autrui. Une autre forme relève de l'expérience intime, mais si l'on ressent la présence en soi, elle ne se partage pas pour autant et ne témoigne pas de qualités particulières dans la vie quotidienne et relationnelle. Et puis, il y a la présence rationnelle, celle de l'attention consciente que nous pouvons nous porter les uns aux autres, source infinie de bien-être et d'évolution permanente, et l'unique solution, peut-être, à tous les problèmes de société que nous connaissons aujourd'hui.

Présence et pouvoir

Du psychothérapeute au pape, en passant par les maîtres, les gurus et les saints, certains êtres sont investis d'un pouvoir très réel, une forme de présence reconnue qui leur confère grande autorité sur leurs « fidèles » et se manifeste sous forme de pouvoirs, miracles et autres signes extraordinaires. En retour, ces « fidèles », parce qu'ils projettent sur leur « idole » tous leurs espoirs et une croyance indéfectible, lui confèrent davantage encore de pouvoir(s). Pouvoirs qui peuvent s'avérer fort utiles lorsqu'il s'agit de guider véritablement les gens vers une prise de conscience de leur propre pouvoir.

Mais la plupart du temps, la présence et les pouvoirs se transmettent par induction : le maître induit chez son disciple certaine forme de présence ou d'énergie qui ouvre temporairement la conscience aux énergies supérieures. Cette ouverture cesse sitôt que l'induction prend fin.

En outre, aussi profondément que l'on ressente la présence, elle représente, dans ce cas, une exagération, une distorsion. Partout où l'énergie est suramplifiée, où elle est intentionnellement manifestée dans le but d'être remarquable — et remarquée — il y a dysharmonie naturelle. La véritable présence, celle qui existe de tout temps et en tout, ne crée d'excès en rien. Elle reste invisible et cela seul peut générer l'harmonie. Une présence qui n'est pas parfaitement intégrée à la vie courante, et produit des effets remarquables, ne représente pas la vraie sagesse de la vie. Elle n'est pas non plus, ce me semble, ce que la vie nous demande. Nous n'avons pas à suivre la voie du saint, mais à savoir être présent, tout simplement. Et c'est si rare !

L'ego a besoin d'être séduit, et de se donner des raisons et des buts. Un être qui recherche une voie spirituelle a besoin, dans un premier temps du moins, d'être séduit. Et la présence séduit beaucoup. Mais qu'est donc cette forme de présence, qui génère ce que j'appelle un « courant » mais ne se manifeste pas dans chacun des actes de la vie quotidienne ? On peut ainsi conduire des milliers de personnes et n'être pas capable d'établir une vraie relation, intime, avec un seul être. On peut aller au lit avec de nombreuses femmes sans pouvoir en aimer une seule. On peut irradier la présence mais demeurer égoïste, cupide, arrogant.

Présence immanente

La présence peut également se manifester à l'intérieur, comme une rencontre avec ce même courant qu'irradient certains êtres. On éprouve alors quelque chose d'absolument divin. Je me rappelle mes premières expériences de la présence sous cette forme. C'était délicieux. Une sorte de souffle qui passait à travers moi et lavait tout. Les premières fois, il me mettait dans une transe telle que j'oubliais tout. Je restais ainsi des heures assis sur une chaise à goûter cette extraordinaire communion. Je ne me posais plus la moindre question, je n'avais plus de problèmes. C'était comme une drogue, une drogue merveilleuse. Mais très vite, je me suis aperçu que j'avais de réelles difficultés à fonctionner ainsi dans le monde. Cette présence, aussi profonde, aussi magnifique fût-elle, m'intoxiquait.

Pendant que je rayonnais ce souffle mystique, les autres devaient prendre mes propres responsabilités. J'ai senti que j'étais en train de trahir ma vie. Je me suis forcé à renoncer pour saisir ce qui se passait. Certes, ce phénomène me rendait certaines choses accessibles, qui d'ordinaire ne le sont pas, mais en rendait d'autres inaccessibles — des choses essentielles à la vie de tous les jours. Cette recherche de présence représentait aussi une forme de distorsion importante et contraire à la vie.

Je réussis à lâcher prise. La présence venait ? Bien. Elle passait ? Bien aussi. Je ne cherchais plus à la maintenir. Je réalisais que si c'était par la grâce qu'elle se manifestait, c'était aussi la grâce lorsqu'elle se retirait. Ses pouvoirs, eux, n'étaient pas une grâce, s'ils devaient me rendre dépendant de leurs effets.

Présence et attention consciente

Il m'est apparu alors que la présence, pour avoir quelque valeur dans le monde quotidien, devait s'enraciner, prendre pied. Et quel meilleur support que l'attention pour prendre pied dans le quotidien et, surtout, pour réellement communiquer avec le monde et avec autrui ? Toute ma réflexion, tout mon travail s'organisent désormais autour de l'attention consciente.

Cette qualité d'attention, qui se manifeste sous forme d'énergie que l'on peut diriger et utiliser, est la forme de présence la plus ordinaire, la plus réelle. Et elle s'apprend.

Des siècles durant, l'évolution de la conscience n'a pu manifester de réel progrès pour l'humanité parce que l'on s'est toujours identifié à la présence elle-même, et non pas à l'attention nécessaire pour sous-tendre la présence. J'apprends à ceux qui viennent me trouver à faire l'expérience de la présence vivante, à la partager, pour que chacun puisse se rendre compte que le monde est en train de se construire, de se créer à travers cette qualité d'attention particulière qui commence par nous et par chacun. En modifiant, en améliorant la qualité de notre attention, nous sentons que les choses s'organisent différemment, en nous et autour de nous. Nous pouvons ainsi créer un environnement de puissance et d'amour, de présence vivante qui émerge totalement du présent, sans l'interférence de l'ego. C'est lié à la fois à un déplacement de l'attention et à un abandon. On abandonne le soi séparé, on s'abandonne à une relation qui s'étend à l'infini et englobe tout et tous. En gardant une qualité constante d'attention, nous allons jusqu'à nous souvenir de Dieu, jusqu'à reconnaître notre origine unique et commune.

Présence et guérison

Une personne qui a une véritable présence va laisser tout l'espace nécessaire pour que s'exprime la réalité de l'autre. Certains êtres le permettent et d'autres, au contraire, ne nous laissent pas de place en leur présence. C'est là que réside, je crois, la clé de la guérison. Il y a deux attitudes possibles face à la souffrance, à la maladie, au stress : les reconnaître, les pénétrer et les vivre, ou bien s'en détourner, chercher des causes à l'extérieur, condamner, et... passer à côté de sa vie. Là, le psychothérapeute ou le médecin jouent un rôle essentiel. S'ils savent offrir à leur patient tout l'espace nécessaire à la connaissance intime de leur souffrance, s'ils lui permettent d'établir une relation, une vraie relation à sa souffrance et à lui-même, c'est une aide considérable qui initie l'ouverture nécessaire à la réalisation. Si, au contraire, le thérapeute se ferme parce que lui-même ne peut accepter de vivre sa propre souffrance et la refuse, il interdit à son patient de prendre contact avec sa souffrance. Et il condamne alors les parents, ou le monde, la société, etc., en faisant de lui une victime. On peut être ainsi un psychologue extraordinaire et n'avoir aucune, absolument aucune présence à ce qui se passe réellement, en l'autre ou en soi-même. En n'acceptant pas la vie telle qu'elle se présente, en la niant, on condamne aussi toute vraie guérison. Tout juste entretient-on une irresponsabilité qui relègue au rang de victime éternelle un être qui n'a besoin que d'espace, d'acceptation, d'attention et de présence pour prendre pied dans la vie.

Quand la pensée se présente pour expliquer, normaliser, objectiver la douleur, la peur, la peine, la solitude, etc., il est possible de faire le choix de passer outre pour aller à la rencontre de ce présent, de cette réalité, aussi effrayante puisse-t-elle être. En faisant de l'espace à ces sentiments sans chercher à les objectiver, en les laissant simplement être, nous sommes à même de leur répondre à un niveau de vérité et de présence qui vont permettre de les libérer. C'est là tout le rôle du corps, de la présence et de la conscience du corps.

Présence et kundalini

Il y a deux sortes de conscience du corps : le corps que l'on ressent, que l'on exerce, qui est un objet de conscience ; et puis le corps vivant, le corps présence, la conscience en tant que corps. On vit dans l'instant, on vit l'instant lui-même. L'expérience quitte le domaine du mental et de l'idée pour une relation directe avec ce qui est. Tant que l'énergie reste mentale, elle ne permet pas la guérison. Elle a besoin de s'ancrer à la terre, de se relier à la matière. On écoute, on voit, on sent alors avec tout son corps — le corps qui est l'être, sans séparation. La conscience ne fait plus qu'un avec l'instinct. Alors la kundalini est éveillée.

En français, « présent » est un anagramme de serpent, et l'on compare couramment la kundalini à un serpent. Chaque fois que quelqu'un est véritablement présent, de tout son corps, il se produit un éveil de la kundalini d'une façon ou d'une autre. Alors tout est tout, nous sommes tout, tout est nous. Il n'existe plus aucune séparation, pas la moindre idée qui vienne s'interposer entre nous et notre vécu. Mais il suffit que la conscience revienne en moi pour que tout tombe à l'instant. C'est toute l'histoire de l'Éden et de la chute. Le maître essaie de donner une réponse à l'instant, sans la médiation de l'ego, sans la moindre rationalité. Tout doit s'effectuer en dehors de la pensée, dans l'être, là ou l'énergie s'élève à son maximum. Là, la maîtrise vient toute seule ; elle vient de l'être, dans l'être. Et il suffit de la suivre, même au milieu de la vie ordinaire. Alors, rien n'est dysharmonieux, tout est juste, tout fonctionne en totale symbiose avec tout, et parfaitement. La guérison peut intervenir, mais encore faut-il savoir rester ainsi disponible et ouvert pour qu'elle s'ancre elle-même totalement dans le corps.

Présence et partage

Je pense aux paroles du Christ : « Quand deux ou trois seront assemblés en mon nom, je serai au milieu d'eux. » À mon avis, c'est de la récupération pure et simple de la part de l'Église, qui a voulu faire du marketing en créant un culte autour de la présence éternelle de Jésus. Il me semble qu'il a probablement dit quelque chose comme : « Regardez ce qui se passe quand nous sommes ensemble et que nous nous accordons les uns les autres la même qualité d'attention. Eh bien, ce que vous avez expérimenté avec moi, vous en ferez l'expérience entre vous sitôt que vous ferez de même, même si je n'y suis pas. »

À ma connaissance, il existe trois façons d'accéder à la présence. La première semble provenir de l'évolution elle-même. Ce serait un processus d'évolution spontané, où l'on n'a rien d'autre à faire qu'à le vivre. Pour la même raison, les êtres humains ont commencé à se tenir debout, puis se sont servi d'outils, ont développé le langage et une sorte de conscience que j'appelle « conscience sujet-objet ». L'évolution de l'humanité irait naturellement vers une expansion de la conscience et des énergies qui confèrent une certaine forme de présence.

La deuxième façon d'accéder à la présence-consience est qu'elle soit transmise par une personne qui a accès à un potentiel énergétique permettant ce genre d'induction. Le problème est qu'un seul individu est capable d'une telle ouverture et même s'il en fait bénéficier d'autres, il ne leur confère pas la capacité de l'effectuer en eux-mêmes. L'humanité ne saurait évoluer dans de telles conditions.

Quant à la troisième façon — je pense que la sentence : « Quand deux ou trois... » l'illustre bien —, c'est de partager une attention que l'on cherche à approfondir en permanence. Et elle génère l'énergie, ce courant qui est présence. Là, chacun profite de l'expérience de l'autre et offre la sienne à autrui. Tout le monde est capable de vivre la présence, de la générer et de s'en servir dans le monde.

Cela, à mon avis, représente l'unique solution à tous les problèmes que nous rencontrons aujourd'hui, tant sur le plan social qu'économique, écologique, et même tout simplement humain. Il s'agit de reconstruire une nouvelle communauté, une communauté qui saura recréer une histoire différente, l'histoire de gens qui s'écoutent profondément et savent s'accorder et accorder aux autres l'attention, l'espace et la présence nécessaires pour vivre en conscience dans ce monde. Il y va, je crois, de la survie même de l'humanité. Jésus a tenté de montrer aux hommes comment y parvenir. Nous ne sommes ni des victimes ni des rois : nous sommes simplement au service les uns des autres, au service de la terre, au service de la vie. Il est temps d'en prendre la responsabilité si nous voulons pouvoir sortir de l'engrenage où nous nous sommes enfermés. Notre histoire ne peut plus être celle d'individus qui protègent leurs acquis et défendent leurs avantages, chacun dans son monde. La présence n'a de sens que si elle est relationnelle, partagée par tous, dans une attention de chaque instant où chacun sait garder le cœur ouvert et conscient. Elle demande que nous sachions revenir à une simplicité volontaire où la relation consciente prime sur tout autre besoin. Nous pourrons alors nous permettre de rester présents sur la terre.

La vague de vie

MAUD SÉJOURNANT

Je comprends la notion de présence essentiellement à travers le modèle chamanique, puisque c'est ce qui m'a été enseigné pendant de nombreuses années, et c'est cette vision que je vais essayer de partager avec vous.

La présence à soi-même dans le contexte chamanique implique deux aspects : d'une part être, avoir conscience de son corps dans sa globalité — nous y reviendrons —, et d'autre part, avoir conscience de son environnement et de sa relation intrinsèque avec l'univers qui nous entoure qui n'est pas seulement défini en termes d'espace mais aussi en termes de temps.

La dimension temporelle

Cet aspect me fait penser au début d'une journée de classe. La journée commençait dans mon école par l'appel auquel on est censé répondre : « Présent ! »

Présent à cet instant et éventuellement pour le reste de la journée. Présent au moment où je réponds et où aucun autre ne peut répondre pour moi. C'est l'immédiat, l'ici et le maintenant. Mais cela déborde pour moi de l'idée du point dans la représentation d'une linéarité où l'on voit le passé comme « avant », le futur comme « après ». Le présent a pour moi un sens holographique, c'est-à-dire qu'il inclut la totalité du passé et la totalité du futur qui sont contenus dans le moment infini qu'est le moment où je parle. C'est pour cela que chaque geste que nous faisons dans le présent a une importance qui déborde l'instant ; les Indiens ont comme loi suprême : « Tu ne feras rien qui puisse nuire aux enfants jusqu'à la septième génération. » Le futur est créé maintenant. Il faut se souvenir de cela lorsqu'on répond : « Présent ! »

La dimension spatiale

Je me suis donc déclarée présente à l'appel. Ma voix a parlé. Mais qui est vraiment là ? Nous avons tous connu ces jours de rentrée ou ces lundis où nous aurions préféré être encore au bord de la mer, dans les bois, bref, partout ailleurs qu'à l'école. Une partie de nous est peut-être restée dans la cabane construite dans un arbre ou auprès de l'ami découvert pendant les vacances. Une partie de nous est absente, manquante dans le moment présent. Les yeux dans le vague, nous regardons le ciel, et la question du professeur sur les forces qui s'exercent sur un corps plongé dans l'eau nous prend tout à coup par surprise. Qui n'a pas vécu cette expérience de ne pas être présent ? À l'inverse, nous entendons parler de certains êtres — acteurs, sportifs ou mystiques — qui ont une présence exceptionnelle. On se sent touché par une certaine qualité qui remplit littéralement l'espace autour d'eux que l'on aurait du mal à définir.

Le modèle chamanique : présence à soi-même, présence à son environnement

Dans la réalité chamanique, nous sommes faits de plusieurs corps. Là, les interprétations diffèrent selon les traditions culturelles : certains voient quatre corps dans l'homme : *le corps physique*, celui qui est manifesté dans notre monde à trois dimensions ; *le corps astral*, où résident les émotions ; *le corps mental*, où sont créées les pensées ; *le corps spirituel*, que l'on peut appeler l'« âme » et qui nous relie à l'Esprit. Un autre modèle voit d'une part le *corps physique* et d'autre part *le corps de rêve*, qui est plus que le corps astral dont on parle dans les livres sur les voyages astraux et les expériences d'après la mort. Le *corps de rêve* est plus complet dans le sens qu'il comporte en fait les corps astral, mental et spirituel. Mais ne chipotons pas sur des termes qui ne sont que des outils très approximatifs pour décrire des réalités se trouvant au-delà de nos capacités de perception immédiates.

Le chaman s'est entraîné à développer ces deux

corps : le corps physique et le corps de rêve qu'il sait utiliser à bon escient. Il a développé « son attention première » qui est celle de notre réalité physique quotidienne. Vivant parfois dans une société de chasseurs, il sait combien il est important de prêter attention aux signes physiques de la présence d'une proie. Mais il a surtout développé sa « seconde attention », s'ouvrant à des indices, à des signes que l'on néglige habituellement, d'ordre interne ou externe, subjectif et irrationnel. Cette seconde attention est encouragée au cours de cérémonies de guérison lorsque le chaman voyage dans d'autres réalités pour trouver des clés de guérison, des aides venant d'autres mondes pour son patient. En tant que thérapeute pratiquant cette approche, je me sers de cette attention pour aider ce dernier à rencontrer ses guides, ses alliés, ses animaux de pouvoir.

Lorsque nous avons pleinement développé nos corps invisibles et que nous les avons laissés s'aligner, nous devenons alors vraiment présents à nous-mêmes et par conséquent aux autres. De nos jours, il est rare que tous les corps soient complètement liés et harmonisés. Lorsqu'on a le sentiment de la présence d'un individu, c'est en fait que l'on sent intuitivement que tous ses corps sont alignés.

Le vécu du corps est donc important dans cette expérience de présence. Il est fréquent de voir que certaines personnes ont une perception très ténue des sensations dans leur corps physique. N'ayant pas développé une sensibilité saine qui permet de percevoir un grand éventail de sensations aux qualités, nuances et graduations différentes, elles ne savent percevoir que les extrêmes — version plaisir ou version douleur —, ce qui procure la sensation d'un tel inconfort que l'attention ne peut se diriger vers autre chose. Ces personnes ne savent pas écouter avec leur seconde attention les petits signes subtils que leur corps de rêve manifeste en permanence dans leur corps physique : un pincement, un grattement, un tiraillement..., qui leur permettrait d'interroger alors leur corps de rêve et lui donner ce dont il a besoin avant que se développe une maladie grave. C'est un peu l'image d'un enfant qui essaie d'attirer l'attention de sa mère qui discute en la tirant par la manche et en l'appelant par son nom et qui finit par faire une monstrueuse crise de colère et se rouler par terre en hurlant parce qu'il n'est pas entendu.

Cette présence à nous-mêmes est ce qui non seulement nous maintient en vie mais aussi nous ouvre à d'autres dimensions qui dépassent le cadre de notre petite identité si rassurante (la mère de famille, l'instituteur, le blagueur, le distrait, etc.). Elle n'existe que si l'on sait écouter son corps de rêve.

Le vide et le plein

Dans la présence, il y a la notion de vide et de plein ; on est à la fois totalement vide pour recevoir l'autre et plein pour ne pas avoir besoin de lui. C'est là un aspect paradoxal qui est pour moi le signe que la vie est présente dans sa totalité. Laissez-moi vous raconter une histoire personnelle qui symbolise ce paradoxe.

Depuis mon adolescence, j'ai été fascinée par une image, celle d'une coupe, sorte de Graal, dont les bords sont définis par le tracé de deux visages vus de profil. Au centre, la coupe est sombre et les visages ne sont perçus que si l'on connaît leur existence car ils ne sont définis que par le tracé du pied de la coupe. J'ai toujours été fascinée par ce jeu de perception. Est-ce que je veux voir la forme déterminée au centre, ou est-ce que je veux voir les deux visages qui se regardent ? Je me suis amusée ainsi à passer de l'un à l'autre, pendant des années ; j'ai amélioré ma faculté pour percevoir toutes sortes d'images en leur donnant une signification ou une autre : un animal que l'on peut voir lapin ou canard selon qu'on voit les oreilles du premier ou le bec du second. J'ai beaucoup travaillé avec ce changement de vision en réalisant que je pouvais ainsi passer à volonté de la conscience de mon corps physique à celle de mon corps de rêve. Je me suis dit qu'en fait être maître de son état de conscience, c'est être capable de sauter d'une perception à une autre. Et puis, au bout d'un certain temps, je me suis aperçue que c'était aussi intéressant, peut-être même plus, d'être capable de voir les visages et la coupe simultanément. Je croyais qu'on ne pouvait pas voir les deux en même temps parce qu'ils se définissent mutuellement, je pensais que je pouvais seulement sauter de l'un à l'autre. J'étais encore dans la pensée d'exclusion : l'un ou l'autre. Là aussi, j'ai travaillé pour être capable de voir les deux en même temps. Et je me suis mise à voir les deux images simultanément. Je me propulsais à un nouveau niveau de vision intérieure que matérialisaient parfaitement ces images stéréoscopiques. Je sentis alors un nouvel état d'équilibre où la perception se trouve beaucoup plus élargie, où plusieurs perspectives sont visibles en même temps. C'est dans cet espace holographique que peut se développer la présence.

L'art-thérapie, moyen d'accès à la présence intérieure

J'eus le besoin de peindre cette image de coupe avec les deux visages. Je terminais alors ma formation en art-thérapie et travaillais sur mon processus personnel de transformation. Je ne comprenais pas la nécessité vitale que j'éprouvais soudain de faire ce tableau, mais je l'écoutais et suivis mon besoin de matérialiser la nouvelle vision de ce symbole. C'était mon premier vrai tableau de peinture à l'huile ; ma technique laissait à désirer, mais ma vision était si forte que je réussis à lui donner forme. Je donnai aux visages qui constituaient le contour du vase central une réalité de chair, montrant la peau et le modelé de la tête entière de chaque côté, le laissant androgyne dans ses traits.

Je peignis sur deux panneaux rectangulaires mis côte à côte et séparés par un vide d'environ un centimètre. Je me rendis compte qu'il s'établissait un équilibre entre mon corps physique et mon corps de rêve (que les scientifiques modernes appellent « mode du cerveau droit » et « mode du cerveau gauche »), et que cet équilibre créait une sorte de vide, un espace où autre chose pouvait entrer : cet espace vide devenait en fait l'axe autour duquel s'organisaient en douceur mes corps subtils. Je réalisai que la vacuité n'est pas débilité mais bien au contraire force : l'espace intérieur est alors habité par la présence.

Mais il est à noter que le travail s'est fait aussi dans mon corps physique. Pendant longtemps, jusqu'à mon arrivée à Santa Fe, je me sentais déséquilibrée dans mon corps, j'avais un côté beaucoup plus tendu que l'autre, je ne me sentais pas symétrique. C'est en faisant un travail de type chamanique avec les animaux de pouvoir de chaque côté de mon corps que j'ai pu les rééquilibrer quasiment du jour au lendemain, et la tension disparut. De ce jour, j'ai senti que plein de nouveaux processus se mettaient en place et préparaient le changement de ma vision intérieure comme je viens de le décrire.

Présence aux autres

En découvrant la peinture, j'ai également pris conscience de ma relation à l'autre, à l'environnement. Auparavant, ce qui m'intéressait, c'était de faire un sujet, de peindre quelque chose, un objet, un animal, une personne. Alors je peignais ce sujet et je m'apercevais que le fond restait blanc; je ne savais pas quoi faire du fond qui me semblait un espace vide à combler (bien symbolique de mon propre processus). Puis je me suis amusée à faire le contraire, à donner de l'importance au fond et je me suis rendu compte qu'il était stimulant de peindre un sujet en ayant en permanence à l'esprit l'idée du fond. Le sujet pouvait ainsi prendre un nouveau sens, un nouvel intérêt en fonction de la composition du fond. Il y a une danse entre les deux qui s'installe et qui change complètement l'objet qu'on a peint, le sujet principal. Cela m'a beaucoup appris, m'a fait prendre conscience de la notion de contexte ou d'environnement qui est un élément fondamental de la pensée chamanique. Un acte n'a pas de sens par lui-même : il dépend totalement du contexte dans lequel il est accompli. Et nous, en tant qu'individus, nous vivons en société, dans l'environnement de la société où nous sommes au milieu d'autres personnes que nous connaissons ou non.

Joseph Campbell, éminent philosophe et expert des mythes du monde entier, montrait comment, depuis les troubadours, la conscience de l'homme s'est focalisée sur l'individu qui a repris son importance après la mentalité tribale ou clanique des débuts. Mais n'a-t-on pas poussé trop loin cette conscience de l'individu (le sujet du tableau) au détriment du contexte (les autres et l'environnement naturel) ?

D'autre part, il est très important de savoir que le chaman était au service de sa tribu, de sa communauté. Tout son travail était basé sur le principe de servir le groupe. Dans cette logique, savoir où seraient les bisons pour la prochaine chasse, aider à faire venir la pluie, guérir..., c'était donc travailler dans l'intérêt général. C'est un garde-fou, en quelque sorte, puisqu'il y a cette notion du bénéfice du groupe. L'inverse serait sorcellerie, manipulation des énergies pour son propre compte au détriment des autres. Mais il n'y a pas de mal à savoir l'utiliser pour soi, si l'on comprend que dans une vraie conscience de groupe, tout ce qui bénéficie à l'un bénéficie à l'ensemble de la communauté.

Tout dépend de l'intention visée. C'est cela qui différencie la magie du chamanisme, c'est la différence entre le désir de prendre et le désir de donner. On peut recevoir si l'on sait s'ouvrir à tous les dons que l'univers a pour nous. On est dans l'erreur lorsqu'on se coupe du reste, des autres, lorsqu'on croit qu'on est seul. Utiliser ses pouvoirs pour son propre bénéfice sans idée de partage et de service à la communauté signifie la séparation. Il faut être très clair au départ sur son intention. Le chaman est au service de sa communauté. C'est sans doute la conscience qui nous a manqué ces derniers siècles et dont nous subissons les conséquences maintenant.

Présence à l'autre

Être présent, c'est donc aussi être complètement disponible à l'autre, c'est-à-dire ne pas rentrer dans une transe involontaire comme on le fait la plupart du temps, qui mène notre attention ailleurs, mais bel et bien utiliser la totalité de nos corps pour être à l'écoute de l'autre, ce qui est fondamental lorsqu'on pratique une profession d'aide.

Pour celui qui parle, il est très réconfortant d'obtenir déjà « la première attention » de la part de celui qui écoute et qui entendra donc les mots, la signification des paroles émises consciemment. C'est déjà beaucoup. J'observe la manière dont les gens, surtout les jeunes, se coupent la parole et ne s'écoutent pas, même au niveau de la première attention. Dans les entreprises, chacun prépare son petit speech pour démontrer son point de vue et n'écoute pas ce qui est en train de se dire, ou l'écoute sans vacuité, c'est-à-dire sans avoir pris le soin de se vider de ses idées personnelles. Il n'y a pas alors de présence à l'autre.

Mais imaginez ce que peut être l'expérience de celui qui est écouté avec « la seconde attention » de son interlocuteur. Ce dernier écoute non seulement avec son cerveau gauche le sens des paroles de celui qui parle, mais écoute aussi toute la communication non verbale des corps subtils ; littéralement, il branche son corps de rêve sur le corps de rêve de celui qui parle et la communication se fait alors à ce niveau, consciemment pour celui qui a développé sa seconde attention et inconsciemment pour celui qui est encore l'apprenti. Ce processus d'écoute donne alors à l'autre le sentiment vrai de la présence mais qui n'est plus seulement, alors, la présence de l'autre mais la présence des deux ensemble, comme si une nouvelle entité s'était formée, produit de la rencontre des corps de rêve des deux personnes. Là, dans la création totalement nouvelle de cet être, peuvent s'échanger des points de vue, des perspectives inhabituelles.

Présence à l'univers

Lorsqu'on a changé son point de vue et pris conscience du contexte, il devient passionnant de s'ouvrir à la présence universelle, celle qui est dans les pierres, dans les plantes, dans les animaux, dans chaque individu, dans l'univers qui nous entoure.

J'ai appris des Amérindiens un outil extrêmement satisfaisant : c'est une cosmologie — comme l'Arbre de Vie de la Kabbale ou le Zodiaque en astrologie — qu'on appelle la Roue de Médecine ou le Cercle de Vie. Il contient tout l'univers, tous les mondes, toutes les expériences humaines, tous les aspects du temps. Il est fait de multiples roues qui s'emboîtent les unes au-dessus des autres, qui donnent une grille de lecture de différents mondes. La Roue est orientée selon les quatre directions cardinales (nord, est, sud, ouest) et les deux directions perpendiculaires que l'on pourrait nommer de manière astronomique le « zénith » et le « nadir » et que les Indiens appellent : *Father Sky* et *Mother Earth*, Père Ciel et Mère Terre. Le destin de l'homme éclairé est d'aller vers le centre de cette roue après avoir appris, absorbé et intégré les enseignements de ces six directions. C'est dans ce centre qu'il peut vivre alors la présence de tout l'univers.

Dans la Roue, il y a le concept d'équilibre entre la

droite et la gauche, d'équilibre entre le haut et le bas. La croix qui rejoint le nord et le sud et l'est et l'ouest est une croix à quatre bras égaux. Les quatre directions sont d'égale importance et la terre et le ciel se rejoignent au centre en ayant une égale infinité sous nos pieds et au-dessus de nos têtes. Il n'y a pas d'emphase donnée au haut, au spirituel, au détriment de la terre — comme dans le symbole de la croix chrétienne dont la barre horizontale se situe aux deux tiers ou aux trois quarts de la barre verticale. C'est une vision tellurique où l'esprit est totalement relié à la terre et à ce qui l'habite : il n'y a pas de séparation entre le matériel et le spirituel.

Dans mes séminaires, par exemple, je fais un travail très concret d'orientation. Je me suis aperçue que les gens connaissent les points cardinaux en tant que concepts, mais qu'ils ne savent pas s'en servir pour s'orienter concrètement dans leur vie de tous les jours. Si je sais m'orienter en permanence par rapport à des directions définies par la terre et par le soleil, je me sens dès lors toujours reliée aux deux et je peux vivre cette relation au cosmos dans mon corps. C'est beaucoup plus qu'une métaphore, c'est vraiment une réalité que l'on peut vivre.

La présence est un processus permanent, pas un état fixe

Si on prend la Roue de Médecine, on comprend que pour aller vers le centre, on a besoin de se mouvoir, d'aller vers chaque direction pour y apprendre ce que recèle cette portion de la vie. Il y a des contextes qui demandent de savoir être enfant, d'autres qui requièrent d'avoir accès à la sagesse de l'ancêtre, d'utiliser son grand-père et sa grand-mère intérieurs. Il y a des moments où il faut être ouvert à sa partie féminine, ne plus chercher à imposer sa volonté, être réceptif; d'autres moments nous demandent d'être affirmatif, de prendre des décisions et de les défendre en utilisant notre aspect masculin. Encore une fois, tout dépend du contexte.

Il serait illusoire de croire que la vie va nous laisser tranquillement au centre de la Roue (si on a la chance de l'atteindre un jour). La vie est un flux perpétuel en mouvement. Ainsi, si l'on est un bon danseur cosmique, on va essayer de se maintenir plus ou moins autour de ce centre tout en sachant qu'il y aura des moments où l'on ira plus au nord ou plus au sud selon les cas, le contexte et ce qu'il est nécessaire de faire. Ce qui serait idiot, ce serait de se figer pour rester à tout prix au centre. Imaginez un surfer qui s'arrête d'être en mouvement : il tombe! C'est ce qui nous arrive si nous cessons d'être présents à la vague de la vie.

Être présent, c'est être ouvert à l'ici et maintenant de l'enfant — celui qui, soit dit en passant, peut entrer dans le royaume des Cieux. Être présent, c'est être dans ce que certains appellent « le questionnement » : « Qu'est-ce qui va se passer maintenant ? » en étant positif, intéressé, intrigué, par rapport aux surprises de la vie qui nous attendent.

Présence et transcendance

Si l'on est complètement dans l'ici et maintenant, on atteint ce point d'au-delà de soi-même où l'on peut entrer dans l'éternité, dans l'infini, dans le centre de la Roue. Il faut l'avoir vécu, ne serait-ce qu'un moment, pour savoir que c'est là que l'on aspire à être. Ce sentiment, on peut le vivre de mille manières différentes : dans une maternité bien vécue, dans un effort de dépassement de soi — soit sportif, soit moral —, en étant devant un paysage magnifique ; on se sent en harmonie totale, en union avec tout ce qui nous entoure ; une joie ineffable nous habite alors, qui transcende même l'objet de notre contemplation ou le prétexte de notre éveil. La notion du présent dépasse ce monde physique et n'a pas de limite. C'est une réalisation intérieure personnelle où l'unité ressentie avec le Tout pénètre la totalité de notre être qui fait alors la paix avec lui-même, et avec l'univers... Un petit cadeau donné sur le chemin de la vie.

La présence, vide et plénitude

Tout à l'heure, je parlais du vide dans le tableau, du besoin de faire cet espace sans toile, sans support, avec le sentiment que ce vide attirerait un plein bien plus complet que tout ce que je pouvais y mettre moi seule dans la conscience de mon petit ego... Lorsque le ménage intérieur est fait — ce que les chamans appellent se débarrasser de son histoire personnelle ou de son passé —, on peut recevoir l'univers. Il y a assez de place en nous pour cela ! L'image de la fontaine jaillissante peut alors surgir dans le corps de rêve : elle vient de cette idée d'être rempli.

Cette expérience est fondamentale pour ceux qui veulent être au service des autres, être thérapeute par exemple. Sinon le danger est que l'on cherche à se remplir des autres ; c'est une forme de vampirisme que l'on rencontre bien souvent, notamment au sein des familles et dans les couples. Tant qu'on n'a pas senti cette plénitude, on ne peut avoir une relation saine et équilibrée avec l'autre car on essaie de remplir un vide, un creux sans fond.

En fait, le drame de nos sociétés occidentales est que nous nous trouvons dans le manque total. Regardez le nombre de gens déprimés actuellement : la dépression, c'est littéralement le manque de pression intérieure, l'absence de cette fontaine jaillissante (la fontaine de jouvence pour les mythes). Il y a un trou noir, un abîme cosmique. Et nous remplissons ce manque par la surconsommation : en Europe, cela se manifeste par l'extension de la prise en charge de la responsabilité individuelle par l'État, en Amérique du Nord par l'obésité et la violence, qui est la version active du manque de la présence.

L'approche chamanique pour notre monde contemporain

Si l'on considère la nécessité vitale de vivre avec la totalité de notre potentiel, c'est-à-dire de réintégrer les quatre corps dont j'ai parlé tout à l'heure, il semble que l'approche chamanique peut offrir des ressources capitales. Il ne faut pas oublier que c'est la plus ancienne religion du monde, religion prise au sens de « ce qui nous relie avec le tout ». Nous avons donc des millénaires d'expérience qu'il serait sans doute bon de ne pas ignorer. Le cadre essentiellement mental de certaines approches psychanalytiques semble avoir démontré ses limites. Lorsqu'on sait que les guérisons chamaniques peuvent avoir un caractère d'instantanéité, comme les miracles de Jésus, pourquoi ne pas souhaiter le changement immédiatement ? L'urgence de la situation du monde actuel me préoccupe trop pour ne pas vouloir donner à chacun les outils pour se sentir plein et trouver son pouvoir personnel maintenant afin qu'il puisse le partager avec tous.

Diverses approches récentes privilégiant le processus du changement plutôt que son analyse me semblent être dans le droit-fil du mode chamanique : Gestalt, art-thérapie, musicothérapie, danse-thérapie, psychodrame, hypnothérapie ericksonienne, PNL. L'utilisation consciente des rituels, des cérémonies impliquant l'idée de groupe et de communauté, est aussi une modalité puissante qui permet de nous réharmoniser avec l'ensemble des lois cosmiques et naturelles. C'est de là que viendra la reconnaissance par chacun de la présence en chaque individu et dans toute la nature qui nous environne. Notre survie dépend de cela.

Amour et présence

L'amour de soi, l'amour de l'autre, l'amour du tout autre

ANNE FRAISSE

Amour et présence, présence et amour, pourquoi lier ces deux termes ? M'enracinant dans mon expérience professionnelle de psychothérapeute, ce lien me paraît évident. En effet, notre métier consiste à aimer l'homme dans ses joies et dans ses peines, à l'accueillir, l'écouter, l'accepter tel qu'il est, et à être présent : une porte s'ouvre et nous sommes disponibles pour lui ; quelque temps plus tard, la porte s'ouvre de nouveau et nous sommes encore disponibles, centrés, présents pour une autre personne. Ce n'est pas facile d'être ici, d'être là, d'être maintenant face à l'autre, sans désir, sans vouloir, mais être dans une sorte de disponibilité, de vacuité et de centrage, au service de. À la question : « L'analyse, qu'est-ce que c'est ? », E. G. Humbert répondait ceci : « C'est ce qui, par épreuve, passe près de la mort, à cause des séparations et des pertes qu'on est amené à faire ; c'est une épreuve qui passe par le pouvoir de l'autre et qui conduit à se tenir dans cette sorte d'écoute et de disponibilité où je ne veux rien. Mais je suis le serviteur de ce projet et serviteur, aussi, de la rencontre possible[1]. »

La psychothérapie est une rencontre, un engagement, un chemin initiatique qui se fait à deux, et la cure est fondée sur le transfert. Les liens se tissent peu à peu, se font, se défont, se nouent, se dénouent, liens transférentiels et contre-transférentiels, tant conscients qu'inconscients. Comme le dit le bon sens populaire de la chanson : « Qu'est-ce qui fait tourner le monde ? C'est l'Amour ! » Or « l'amour est l'un des plus puissants moteurs des choses humaines. On le conçoit comme divin et c'est à bon droit qu'on lui donne ce nom car la puissance absolue de la psyché a de tout temps été appelée Dieu[2] ».

Et c'est là que peut se vivre le lien entre présence et amour : être présent à soi-même, être présent à l'autre et participer à la présence, ce qui veut dire que le présent est vécu comme une présence. Autrement dit, de l'union des opposés, du même et de l'autre — avec tout ce qu'elle implique de séparation et de différenciation —, émergent l'amour de soi, l'amour de l'autre, l'amour du tout autre. La spiritualité n'est alors plus vécue pour son goût, pour ses aspirations, comme le serait aimer l'amour, mais elle est vécue comme un engagement, une relation, un partenaire. L'expérience du Soi est illumination et conscience, présence et amour.

Alors, je souhaite à notre profession qu'un jour nous puissions oser dire, avec le grand philosophe Emmanuel Lévinas : « Mon regard pour autrui est ma vision de Dieu[3] », signifiant que la personne du thérapeute est curative et que la limite n'est pas seulement sur le divan mais dans le fauteuil.

Être psychothérapeute, une pratique de la présence

Nous pouvons nous demander pourquoi, à un certain moment de leur vie, des femmes, des hommes viennent frapper à notre porte, à la porte de nos cabinets. Les personnes qui vont bien, nous ne les rencontrons pas ; les personnes qui vont mal et qui ne veulent pas ou ne peuvent pas changer, nous ne les voyons pas non plus ; nous accueillons des enfants, des femmes, des hommes qui souffrent et qui ont su faire de cette souffrance le moteur d'une transformation, le point de départ d'une quête, un chemin de conscience et de connaissance d'eux-mêmes. Le manque, le deuil, la perte, le mal-être, le mal-à-dire, les maladies, ne sont plus vécus comme une fatalité, une soumission, une passivité, mais comme une espérance. Ce qui nous permet de dire : « Bienheureux ceux qui espèrent car ils connaîtront le changement. »

La psychothérapie est ce « connais-toi toi-même » socratique, mais en aucun cas dans un sens égoïste, nombriliste, car nous nous apercevons vite que ce chemin vers la connaissance de nous-mêmes nous amène à l'ouverture sur le monde, sur les autres, donc au « connais-toi toi-même et tu connaîtras l'univers et ses dieux ».

Laissons de côté la tradition grecque et référons-nous à la tradition judéo-chrétienne. La psychothérapie serait alors ce « va vers toi-même » de la Genèse qu'André Chouraqui a traduit de la façon suivante : « Va pour toi de la terre de ton enfantement, de la maison de ton père, vers la terre que je te ferai voir[4]. » Pour ma part, j'aime expliquer ce qu'est une psychothérapie en prenant la métaphore du voyage — voyage dans les profondeurs de la psyché, plongée dans l'inconscient personnel et dans l'inconscient collectif, voyage dans un pays inconnu, le pays de soi-même et du Soi.

Cette découverte est souvent vécue comme un double mouvement : mouvement de réconciliation, d'acceptation d'un amour envers soi-même, d'une renaissance — c'est-à-dire d'une deuxième naissance, celle par l'esprit — et mouvement d'ouverture, de communication et d'amour pour l'autre. Ce double mouvement correspond à la parole que nous sommes tous invités à vivre et si peu respectée dans le monde : « Tu aimeras ton prochain comme toi-même. »

Que se passe-t-il si nous ne nous aimons pas, si nous ne nous acceptons pas, si nous nous détruisons ? C'est le cas d'un grand nombre : personnes déprimées, angoissées, dépressives, suicidaires, dépendantes, alcooliques, droguées, personnes violentes, agressives, meurtrières... Retrouver l'amour de soi, retrouver l'amour de l'autre, devenir sujet, pouvoir dire « je », faire l'expérience d'être entier, de son « entièreté », de sa singularité, est ce que Carl Gustav Jung a appelé « processus d'individuation » : « J'emploie l'expression "individuation" pour désigner le processus par lequel un être devient un in-dividu psychologique, c'est-à-dire une unité autonome indivisible, une totalité[5]. »

Individuus, en latin, signifie « qui n'est pas divisible ». Chacun d'entre nous, chaque être humain est invité à devenir lui-même, à s'humaniser, à acquérir davantage d'humanité, c'est-à-dire à s'incarner ; comme disait un jeune Amérindien : « Nous ne sommes pas des êtres humains qui vivons une expérience spirituelle, mais des êtres spirituels qui vivons une expérience humaine. »

Or, c'est très curieux, plus nous faisons l'expérience de nous différencier, de devenir nous-mêmes, plus nous savons qui nous sommes, plus nous avons accès à une intimité, à un dialogue intérieur ; en même temps, il nous est donné de faire l'expérience d'une force — une force transpersonnelle, qui nous dépasse, qui nous appartient —, que Jung a nommée le Soi, l'archétype de la totalité, l'*imago Dei.* Le Soi peut être considéré comme l'expérience de Dieu en nous. Il constitue la plus haute intensité de vie ; en termes de sensation, il est vécu comme présence et, en termes de sentiment, comme amour. C'est donc en faisant l'expérience de l'un, de l'unique, que nous avons accès à l'universel : « Vous êtes plus intime à moi-même que moi-même[6]. »

Prendre le risque de passer par l'épreuve de soi-même, se mettre à l'écoute de son psychisme et de l'âme du monde, accueillir le dialogue moi-Soi, conscient-inconscient, c'est se donner des chances de pouvoir vivre ensemble : être et être relié.

À chacun de nous de nommer le Soi. Certains

l'appellent « l'inconnu de l'existence, l'inconnaissable, le ni... ni... » ; d'autres le nomment « le simple, l'ouvert, le vivant, le divin », « le présent ou la présence » selon qu'on accentue son côté masculin ou son côté féminin, d'autres encore le nomment Dieu.

Le juste moment

Si j'ai tenté, dans la première partie, de tracer le passage du présent à la présence tel un long chemin qui s'inscrit dans le temps, celui de l'incarnation et de la révélation, chemin d'endurance, de persévérance et d'espérance qui nous apprend la patience et l'humilité, je souhaite maintenant aborder la présence non plus dans un rapport à la durée, à la chronologie et au temps linéaire, mais sous une autre forme : celle de l'instant, du moment, de l'émergence, de la fulgurance, de l'évidence qui nous surprend, nous émerveille, clin d'œil qui nous apprend l'humour.

C'est en quoi je voudrais vous présenter Kaïros, le dieu du moment opportun, qui n'a pas de place dans le panthéon mais néanmoins puissant, étonnamment puissant. Le juste moment était un thème cher à E. G. Humbert qu'il reliait à l'expérience du vécu du centre[7]. Nous pouvons nous demander pourquoi, à certains moments, notre parole, notre interprétation sont justes et font effet de sens pour le thérapisant, alors qu'à d'autres moments elles glissent comme des gouttes d'eau sur une vitre. Kaïros permet de trouver la juste place au juste moment. Dans l'expérience, nous touchons la mesure de notre vérité et le sens peut se dévoiler. En fait, il surgit inopiné comme un acte de création. À ce sujet, Jung a parlé de la synchronicité comme une corrélation de l'espace et du temps qui ne serait pas soumise à des relations causales, mais comme étant ce qui fait sens. Le juste moment est une coïncidence de sens à travers la relation, il est vérité dans l'instant et parfois correspond à des événements qui mettent le sujet dans une position juste par rapport à l'inconnu de la vie. Le moment opportun éveille.

Or ces instants d'intégration consciente que certains appellent « prise de conscience, *flash*, illumination », et d'autres « grâce », proviennent d'une irruption inconsciente, parfaitement irrationnelle qui ne peut pas entrer dans la compréhension du temps passé-présent-futur, mais comme un instant dont nous ressentons la numinosité[8] et l'irrationalité. Nous ne sommes donc plus dans le domaine de la durée mais dans celui de la qualité, de l'intensité de la présence. J'aimerais citer un exemple personnel.

Depuis plusieurs mois, mon compagnon et moi projetions d'aller à Vienne pour un week-end. Je me réjouissais par avance de ce voyage et de la découverte de cette ville ; cependant, trois jours avant le départ, je me sentis soudain dans l'impossibilité de quitter Paris. J'annonçai à mon compagnon que je ne partais pas, incapable de lui donner d'autre explication qu'un « je ne sais pas » bredouillé en réponse à son étonnement. D'abord en colère, il essaya de faire pression pour que je revienne sur ma décision puis, se calmant, il argumenta et fit le calcul de ce que nous allions perdre à cause de mon « caprice » car nous avions versé des arrhes. Rien n'y faisait, malgré toutes ces bonnes raisons, c'était non, je n'allais pas à Vienne. C'était un impératif intérieur qui me dépassait. À l'heure où notre avion devait atterrir dans la capitale autrichienne, dépité, il regardait la télévision. Quant à moi, je m'étais isolée dans la lecture. L'atmosphère était pesante, muette et tendue ; nous n'avions pas échangé un mot de toute la soirée. À cinq heures du matin, réveillés par le téléphone, nous apprenions le brusque décès de son père. C'est ainsi que mon compagnon fut là, à sa juste place, au juste moment, pour aller se recueillir auprès de son père, s'occuper de sa belle-mère et entreprendre les formalités liées à ce décès, et que je fus également à ma juste place, c'est-à-dire à ses côtés.

Kaïros était intervenu en notre faveur. J'eus de la chance de respecter mon inconscient. Je n'avais plus qu'à m'incliner et remercier. Cette expérience de relativité de l'espace et du temps, qui se révéla aussi réelle qu'elle paraissait irrationnelle, fut une ouverture à la présence : gratitude et louange.

L'ici et maintenant

J'ai partagé avec vous deux façons de vivre le rapport au temps, deux manières de percevoir la présence : l'une qui s'inscrit dans la durée et qui est de l'ordre de la révélation, le présent étant vécu comme une participation à la présence, et l'autre qui est de l'ordre du moment, la présence étant vécue comme une émergence, une grâce.

Dans une troisième étape de cette réflexion, j'aborderai la notion d'« ici et maintenant » si chère à Fritz Perles, aux gestaltistes, enseignement que l'on trouve dans différentes traditions. Je le ferai en décrivant ma relation initiatique en tant qu'analysante avec Élie Georges Humbert (qui avait lui-même travaillé avec Carl Gustav Jung et Marie-Louise von Franz) pendant la dernière année qui lui restait à vivre.

La qualité de sa présence était devenue tellement prégnante que l'on ne pouvait plus parler de *sa* présence mais de *la* présence ou tout simplement de faire l'expérience du présent. Il disait : « L'ici et maintenant, cela se pratique sur le point d'appui qui est d'être là, d'être ici, d'être maintenant, et cela lutte car on n'arrive pas être ici et maintenant, on le recherche. » Il avait su faire de la maladie et du temps du mourir un enseignement, ce qui m'amena à écrire *La Fontaine de feu*[9], où je relate cette transmission. L'ici et maintenant, c'est ce qui m'a été donné de découvrir à ses côtés.

Que pouvait vouloir dire pour lui, l'analyste, vivre l'ici et maintenant ? Que voulait dire pour moi, l'analysante, vivre l'ici et maintenant ? N'était-ce pas la négation même de l'analyse dont une partie est l'anamnèse, le retour vers le passé ? Je me trouvais donc dans une situation paradoxale avec, d'une part, le désir d'éclaircir le passé et d'accueillir mes rêves et, d'autre part, celui de vivre le sens de la présence et de l'instant vécu. Pour lui, l'homme malade, vivre l'ici et le maintenant signifiait ceci : « La maladie m'a invité à être attentif aux gestes, à la nourriture, au ressenti dans l'ici et maintenant. Actuellement je travaille dans l'instant de ce qui se passe, je travaille “au corps”. Les rêves m'intéressent moins car ils s'inscrivent dans le temps. Je vis le présent. »

Quant à moi j'étais passionnée par les rêves et je lui demandais : « Pourquoi ai-je besoin de retourner dans mon histoire, de chercher une trace, d'analyser mes rêves ?

— Parce qu'il y a des choses de votre passé qui n'ont pas été intégrées. Autrement, vous vivriez dans l'ici et maintenant. »

Il avait une façon de placer sa parole qui faisait effet de sens. Quelques mois avant sa mort, Chronos le fuyait tandis que Kaïros, le dieu du moment opportun, le comblait. À ses côtés, je plongeais dans la densité de la présence qui efface le temps. Le silence devenait contemplation, la contemplation adoration. Nous entrions dans l'univers du sans pourquoi où « l'esprit ne cherche pas de réponse, il laisse venir la sensation d'adorer ce qui est [10] ».

Je me souviens d'un bel après-midi d'automne, alors que nous étions assis dans le parc d'une clinique, sous un chêne centenaire, lui dans son fauteuil roulant, moi sur un banc de pierre. Nous étions restés une heure en silence. Pour moi, ce fut un temps d'éternité ; le chêne vibra, la nature devint profonde, si profonde qu'elle dévoila sa présence. Le silence et l'existence se mirent à danser. Le raccompagnant dans sa chambre, je lui dis spontanément : « Que vous aimez votre métier ! » Il répondit : « Oui, j'aime ce métier fait de silence et d'existence ; je ne saurais vous dire pourquoi j'aime tant ce métier, je suis branché sur la musique intérieure de chacun. Voilà ce que cela veut dire être présent, vivre l'ici et maintenant, mais cela suppose que l'on rejette toute représentation du passé et de l'avenir, et cela n'est pas sans soulever une certaine angoisse, car on perd l'illusion de contrôler l'inconnu en pensant à lui. »

Pour les psychothérapeutes qui s'inscrivent dans le champ des thérapies corporelles, qu'est-ce qui sert d'appui pour vivre l'ici et maintenant ? Tout d'abord, c'est notre corps, notre respiration, nos postures, nos gestes, nos mouvements..., bref, la conscience et la présence à nos sensations.

Qu'est-ce qui, en psychanalyse, fonde l'ici et le maintenant ? C'est la perte, la séparation, la distanciation, la différenciation entre l'intérieur et l'extérieur, c'est-à-dire la création d'un autre pôle. Quand on tient cette position-là, les questions : « D'où viens-je ? » et « Où vais-je ? », avec les mythes d'origine et les mythes de fin, s'estompent et sont remplacées par les questions : « Où suis-je » et « Comment vis-je ? ».

Pour ma part, j'avais la réponse : j'étais assise en face de lui et cela répondait au « Où ? ». Quant au « Comment ? », je peux dire qu'E. G. Humbert ne fit ni cours ni discours, mais qu'il transmit par la qualité de sa présence. Peu à peu, nous ne parlions presque plus ; j'appris l'art de l'instant, l'art de recueillir une présence dans laquelle le quotidien devient le « je suis ». Nous étions dans un lâcher-prise qui laisse advenir ce qui est. Deux mois avant sa mort, il était dans cette liberté-là de laisser l'autre être l'autre, et de vivre simultanément l'union et la différence des destinées. N'est-ce pas une façon d'entrer vivant dans la mort ? Et moi, j'apprenais l'amour-détachement, source de toute liberté. À ses côtés, je recevais directement, Dieu était au rendez-vous.

Les trois S : sensation, sentiment, sens

« Je suis mal dans ma peau » est une phrase souvent prononcée lors d'un premier entretien par les personnes qui viennent nous consulter. Que signifie-t-elle, qu'est-ce qui nous est dit, qu'est-ce qui nous est demandé ?

Plus de 70 % de la population française est urbaine. Le fait de vivre en ville, de circuler en voiture, de monter les étages par l'ascenseur, d'être des journées entières assis devant un écran d'ordinateur, nous éloigne de plus en plus de notre corps et nous coupe des liens avec la nature. Certains patients ont peu conscience de leur corps, le langage des sensations leur faisant défaut ou leur schéma corporel étant perturbé. Les citadins ne savent plus s'orienter par rapport aux points cardinaux — d'ailleurs, ne dit-on pas d'une personne qu'elle est « déboussolée » ? Cette perte de sens est soit une perte de direction, soit une perte de signification, soit les deux.

La relaxation, la respiration, le mouvement, le toucher, le massage, peuvent être dynamiques dans le processus thérapeutique : se réapproprier son corps, avoir une identité organique, s'accepter physiquement, honorer le temple de chair qui nous a été donné. La sensation — langage privilégié entre la mère et l'enfant, plaisir des jeux corporels de l'enfance, palette aux mille nuances de l'échange amoureux — est aussi un langage de communication avec l'autre. Nous savons aussi que lorsque nous touchons le corps, c'est l'être tout entier qui est touché. Ainsi, certains parcours ou certaines méthodes thérapeutiques partent du corps pour aller vers le sens, chemin de symbolisation, tandis que d'autres partent du sens pour aller vers le corps, chemin d'incarnation.

Le : « Je suis mal dans ma peau » peut aussi vouloir dire : « J'ai mal à mon être, j'ai mal à être, à exister », et la quête de sens commence avec sa kyrielle de questionnements : « D'où viens-je, qui suis-je, où vais-je ? » Lier-délier, symboliser-incarner, sentir-trouver un sens, forment une danse subtile s'inscrivant dans la relation transférentielle.

En ce début de XXIe siècle, l'homme est passé de la question de vérité à la question de sens. Que cela signifie-t-il ? Que la question de l'homme contemporain n'est plus : « Est-ce vrai ? » ou « Est-ce faux ? », mais : « Quel sens cela a-t-il pour moi ou pour le collectif ? » Que ce soit par le chemin du verbe vers le corps où le corps s'« enchairera », ou par celui de la chair vers l'esprit où le corps « verbera », nous sommes touchés dans nos sentiments, dans nos affects, dans nos émotions, dans notre cœur, et c'est en travaillant sur cet éprouvé-là qu'émerge la fonction du sentiment, qui va de pair avec la position éthique, c'est-à-dire notre capacité à dire oui, à dire non, j'aime, je n'aime pas, à prendre le risque de nos valeurs, de nos croyances, à poser notre parole face à l'autre.

Si nous arrivons à mettre ensemble la sensation, le sentiment et le sens, nous faisons l'expérience d'être vivants, d'être ici, d'être là, d'être présents et de participer à la présence. N'est-ce pas cela l'incarnation ?

Pour conclure

Présence et amour, amour et présence, le refrain revient et, pour le chanter, je me permettrai de citer un hymne à la vie dans lequel élévation et incarnation se répondent, magnifique prière écrite il y a plus de trente ans sur les bords du Gange par Mère Teresa :

La vie est une chance, saisis-la.
La vie est beauté, admire-la.
La vie est béatitude, savoure-la.
La vie est rêve, fais-en une réalité.
La vie est défi, fais-lui face.
La vie est devoir, accomplis-le.
La vie est précieuse, prends-en soin.
La vie est richesse, conserve-la.
La vie est amour, jouis-en.
La vie est mystère, perce-le.

La vie est promesse, remplis-la.
La vie est un hymne, chante-le.
La vie est un combat, accepte-le.
La vie est une tragédie, prends-la à bras-le-corps.
La vie est une aventure, ose-la.
La vie est bonheur, mérite-le.
La vie est la vie, défends-la.

1. Élie Georges Humbert, « L'analyse, qu'est-ce que c'est ? », cassette lot 130, groupe d'études Carl Gustav Jung.

2. C. G. Jung, *Métamorphose de l'âme et ses symboles*, Georg Éditeur, 1957, p. 137.

3. Fabrice Pliskin, « Emmanuel Lévinas — Exercice de la sainteté », in *Le Nouvel Observateur*, « Les grands entretiens », 18 mai 1991.

4. Genèse XII-1, trad. André Chouraqui.

5. Cité par E. G. Humbert in *Jung*, Presse Pocket, 1991, p. 124.

6. Saint Augustin, *Confessions* III, 6, 11, éd. Flammarion, 1964.

7. E. G. Humbert, *L'Homme aux prises avec l'inconscient*, chap. 7, « Kaïros, le moment, différents vécus temporels de l'expérience du centre », éd. Albin Michel, 1964.

8. « Le terme "numineux" exprime la majesté et la puissance individuelle, c'est-à-dire ce qui, dans l'homme, manifeste une présence que les Anciens disaient divine » (Rudolf Otto, in *Le Sacré*, éd. Payot, 1949).

9. Anne Fraisse, *La Fontaine de feu. Enseignement et initiation avec Élie G. Humbert*, éd. Albin Michel, 1994.

10. E. G. Humbert, « Savoir du corps, conscience du corps », in *Cahiers jungiens de psychanalyse*, n° 55, pp. 1-5, 1987.

Présence vive et psychodrame

SARAH SERIEVIC

Tout ce qui est vivant est en interaction, la nature humaine n'échappe pas à cette loi de la nature. Ainsi, de nos comportements vont naître ceux des autres et réciproquement. C'est de la qualité de cet échange que se révèle la présence.

Je t'arracherai les yeux
et les mettrai à la place des miens
et tu m'arracheras les yeux
et tu les mettras à la place des tiens
et je te verrai par tes yeux
et tu me verras par mes yeux
et nous nous rencontrerons[1].

À partir du psychodrame, c'est-à-dire de la mise en scène de nos comportements, nous trouvons l'occasion de découvrir « une réponse nouvelle à une situation ancienne », comme disait Moreno[1]. C'est dans ce nouvel espace que se dégage la présence, libérant avec elle cette tendance naturelle venue de l'enfance que nous avons de nous identifier à l'image que les autres ont de nous.

En hébreu, le mot « visage » se dit *Panim*, de la même racine que *Pnim*, l'être intérieur. Autrement dit, c'est dans la profondeur de notre expression que se révèle la présence. Dans le dépouillement de nos entraves, dans l'étau desserré de la gangue de nos souffrances, de nos déceptions et de nos rendez-vous manqués. Il est grand temps de se débarrasser du grossier pour naître à notre présence subtile, de quitter les vieux vêtements tissés de nos actes réactifs qui nous font piétiner dans le marasme de nos mécanismes et nous confinent dans les paroles sacrilèges et les mots opaques qui insultent nos âmes, nous privant de la faculté de présence à l'instant.

Nous disposons, pour nous exprimer, de l'instrument le plus difficile à maîtriser : notre corps, réceptacle de notre sensibilité. Le corps est l'émanation subtile de cette vibration unique en chacun de nous qui s'exprime à travers le souffle quand le passé n'a plus d'incidence sur le présent. Il est donc essentiel de travailler sur notre passé afin de donner un sens à l'avenir. Le mot hébreu *Averah* qui signifie « péché » vient de *Avar* qui veut dire « c'est passé ». À chaque fois qu'une action est bloquée dans sa puissance vivifiante, c'est toujours le passé qui nous a détournés du présent et qui nous a soumis au superficiel parce qu'on est en arrêt... Or ce qui est naturel est en mouvement, c'est le vivant en nous, le désir de poussée, le chemin de croissance incontournable pour notre évolution. Ce qui interrompt ce processus naturel, c'est la blessure passée qui nous a « en péché » de vivre le présent, d'utiliser ce qui est pour le transformer et nous réaliser dans cette transmutation.

Cette faculté d'être vraiment là s'établit dans ce principe que Jung appelle « distanciation » et que le psychodrame permet d'apppréhender d'une part par le jeu de rôle, qui donne l'occasion de se voir d'un autre angle de vue et, d'autre part, par le théâtre spontané, car jouer, c'est mettre un terme à une parole vide dans un corps éteint. Cette disponibilité ouvre le passage par lequel se manifestent la conscience et le respect.

C'est une respiration nouvelle, une dilatation de l'espace intérieur, une conscience élargie de nous-mêmes, une conversation profonde qui implique une capacité de retournement et au bout de laquelle nous nous trouvons plongés dans l'engagement sacré de fouiller en nous la réponse à ce pour quoi nous sommes faits. Face à cette responsabilité, le protagoniste s'engage peu à peu à devenir son propre thérapeute, et prend alors conscience d'une évidence : il porte en lui sa propre réponse. Par cette reconversion s'impose le sens dont l'accomplissement est présence.

Dans l'orchestre, si tout le monde jouait du même instrument, le son serait lénifiant, nous serions privés de la symphonie de nos âmes mélangées et de la jubilation d'accorder nos instruments au service d'une œuvre commune. Si je parle d'engagement sacré, c'est parce que le travail individuel implique des retombées évidentes sur la collectivité, car chaque action positive participe à la construction du monde, à chaque fois qu'on libère une énergie négative, l'humanité entière bénéficie des retombées de cette nouvelle conscience.

N'ayons pas peur de parler à cœur ouvert afin que se referment les vieilles blessures qui nous enlisent dans un passé stérile, nous engluent dans l'anéantissement de l'absence et meurtrissent notre relation d'amour avec la vie. Et n'oublions pas que tout ce qui n'est pas réglé sur terre est quelque chose qui n'est pas réglé en haut avec le Tout Autre. Quand cessera la relation bourreau-victime qui se répète de génération en génération, transformant inlassablement les bourreaux en victimes et les victimes en bourreaux ? Quand chacun sera conscient du maillon unique qu'il est dans le grand balancier de l'histoire de notre humanité, quand se révélera à la conscience de chacun que nous pouvons nous aider mutuellement dans la présence, alors, de cette conscience rafraîchie, émergera de nos âmes purifiées la nouvelle Jérusalem où chacun sera une facette différente et indispensable à la construction du grand diamant universel.

1. Jacob Levy Moreno (1899-1974), né à Bucarest, médecin psychiatre, sociologue et inventeur du psychodrame et de la psychothérapie de groupe.

Aux sources de la présence

DANIEL PONS

Daniel Pons (1932-1986) est l'auteur d'une œuvre photographique, philosophique et poétique d'une rare profondeur. Nous citons ici quelques aphorismes tirés d'un ouvrage moins connu [1] que *Le Fou et le Créateur*, son œuvre maîtresse [2].

La répétition du temps n'est pas insipide : chaque aube est « origine » pour celui qui sait voir.

Le créateur humain, par son œuvre, rend tangibles, palpables, ses plus profondes intuitions. Il rend concret ce qui, par définition, ne l'est pas.

Se souvenir, c'est retrouver, au plus profond de soi, une source vive qui a pour nom : présent.

C'est aux confins du déséquilibre que le créateur humain trouve un équilibre qui lui permet de danser, en chantant et en riant, sur un fil...

Le chant qui émane du cœur de la matière ne peut être transcrit sur papier à musique que si celui qui veut transcrire prend comme clé un point d'interrogation.

Le sentir profond, violent, de la vie et de la mort donne au chef-d'œuvre son rythme, ses vibrations, sa complexité : le simple ! Le simple, cette esquisse d'absolu... L'absolu, cette suprême épure !

Vibrer une relation de qualité peut nous conduire du complexe au simple, en évitant le piège du confus. Du complexe au simple par l'intelligence du cœur. Par-delà le confus, du complexe au simple, par la profonde intuition de l'Un.

Le beau est : absent du confus, présent d'une certaine présence dans le complexe, présent d'une présence certaine dans le simple.

Tu n'es que par ce que tu transmets, et non par ce que tu crois être.

Seule la relation de qualité peut sauver l'humanité : elle est la seule voie.

Tout don sincère déchire celui qui donne, blesse celui qui reçoit. Mais il ne faut pas oublier que c'est justement par l'orifice de ces brèches, de ces blessures, que passe la relation de qualité, seule apte à tisser le lien non aliénant.

Il n'existe pas de montreurs de chemins, seuls sont présents à la vie ceux qui savent faire naître un dialogue non complaisant, sincère, profond, car cette vie, consciemment partagée, peut nous faire emprunter un sentier qui va de la déraison à la raison qui reconnaît le cœur.

Le créateur humain se doit de tout donner pour son œuvre, en sachant que ce « tout » n'est pas grand-chose, mais que ce « pas grand-chose » est tout, ou tout au moins donne l'impression d'un tout dans le relatif. Relatif qui, s'il est bien compris, senti, intégré, conduit l'homme de bonne volonté à être présent aux épreuves qui consistent à imaginer juste. Puis, à se rendre compte qu'il n'est qu'une bribe de rien, mais que cette « bribe de rien », jointe au sentir profond d'être « tout », est le jeu cruel vécu par l'incarné qui sent que tout reste à naître y compris lui.

Le vide est un plein qui incite à l'échange.

« Amour » : échanges réels au cours desquels chacun s'augmente sans pour autant diminuer l'autre.

De la relation au présent naît la permanence dans la mouvance.

Prendre appui sur ses racines pour échanger dans la qualité et non envahir.

Ne donne jamais rien sans avoir au préalable vérifié la qualité de ce que tu donnes. Tout présent se doit d'être a-pesant. En fait, le présent ne supporte pas la pesanteur, il la rejette, cette toute pénible ; car, s'il ne le faisait pas, il perdrait à coup sûr le rythme, son rythme qui puise sa pérennité de vie dans la non-pesanteur.

Une société où la qualité de relation basée sur la non-complaisance existe entre ses membres, perçoit sa pérennité.

Contempler une fleur jusqu'à l'échange, peut te sauver la vie...

1. Extraits d'*Aux sources de la présence*, éd. Albin Michel.
2. *Le Fou et le Créateur*, éd. Albin Michel.

La Shekhinah

Présence de la lumière

A. D. GRAD

Le génie de l'hébraïsme nous a légué une prémisse en quatre consonnes qu'on appelle le Tétragramme sacré : YHWH. Quatre lettres imprononçables dont deux se réfèrent à l'Ineffable et deux à la Présence. L'Ineffable est masculin, la Présence est féminine.

Le Maître de Tout est lorsque sa partie féminine, comme disent les kabbalistes, est « en exil ». Le principe masculin est appelé *Qadosch Barou'kh Hou*, que l'on rend par « le Saint, béni soit-Il ». On l'appelle aussi le Roi ou l'Époux.

Le Maître de Tout est féminin lorsqu'il y a manifestation de la Présence. Sous cette forme, elle est appelée *Shekhinah*, aussi désignée par les noms de Reine, d'Épouse, ou de Résidence divine. En arabe, la *Shekhinah* devient la *Sakina*, et le Coran en souligne l'origine proprement hébraïque en se référant à Israël (Sourate II, *Al-Baqara*, 248-249). Quant à la *Shakti* de l'hindouisme, elle signifie la Mère Divine « qui soutient aussi bien l'Univers et tous ses êtres que les multiples manifestations des dieux » (Mircea

Eliade). « Lorsqu'un grand danger menace les assises du Cosmos, les dieux font appel à la *Shakti* pour le conjurer » ; de même, chaque fois qu'Israël est en détresse, les trois Patriarches implorent la *Shekhinah* pour qu'elle le protège.

Selon le Livre de la Splendeur, le *Sefer Ha-Zohar*, la partie féminine de la Divinité sert d'intermédiaire au monde d'En Haut pour correspondre avec le monde d'en bas. Elle sert aussi d'intermédiaire au monde d'ici-bas pour correspondre avec le monde d'En Haut. La Kabbale parle de la *Shekhinah* comme de la Médiatrice parfaite entre le Ciel et la Terre. Ce n'est d'ailleurs, nous dit la tradition kabbalistique, que lorsque la *Shekhinah* aura réintégré le *Qadosch Barou'kh Hou*, le principe masculin de la Divinité, qu'il y aura l'Unité vraie, l'Unité retrouvée.

En théosophie hébraïque, la *Shekhinah* est représentée par la dixième sephirah de l'arbre kabbalistique. Elle est connue sous le nom de *Mal'khouth* (Royauté). Elle correspond en fait à l'Assemblée d'Israël — la *Knesseth Israël* —, d'où l'importance pour les kabbalistes — et même pour nombre de chrétiens et de musulmans férus d'eschatologie — du rôle d'Israël dans le combat pour le retour à l'Unité vraie. C'est ce qu'exprime le mystérieux verset du Cantique des Cantiques : « Je suis un lys de Sâron, une rose des vallées. »

Le lys correspond ici à la *Shekhinah*. Pour parler correctement de la *Shekhinah*, il faudrait l'évoquer avant tout comme Mère Suprême. Il peut paraître singulier que lorsqu'on veut voir l'Ineffable Présence autrement que de dos, c'est d'abord la Mère qui surgit de face.

Mère. Reine. Épouse. Résidence. Lys. Médiatrice parfaite entre le Ciel et la Terre. *Mal'khouth. Knesseth Israël.* On peut certes se limiter à cette brève énumération, mais il est certain que ce ne saurait être le cas du chercheur de vérité. On peut se contenter de généralités qui, reconnaissons-le, ne seraient pas négligeables si chaque titre était valorisé à son réel niveau. Pourtant, nous serions malgré tout bien loin du compte si nous désirions découvrir les éléments informateurs du principe féminin, principe aussi bien créateur que nourricier.

Ce n'est pas en vain que les kabbalistes possèdent toute une nomenclature zoharique pour célébrer la *Shekhinah.* Ordonnée, cette nomenclature présenterait toutes les apparences d'un poème, voire même d'une étrange litanie :

Pupille de l'Œil
Gloire du Seigneur
Gloire du Seigneur en Son Lieu
Grande Mer
Dixième Ciel
Terre Céleste
Terre du Saint, béni soit-Il
Holocauste du Saint, béni soit-Il
Feu
Fille du Roi
Fiancée

Ange
Ange libérateur
Ange de YHWH
Bénédiction de YHWH
Autel Suprême
Shekhinah-aux-Trois-Anges
et-aux-Soixante-Dix-Trônes
Ouvrant la marche d'Israël dans le désert
Sœur
  qui était avec Sarah
    avec Abraham
    avec Isaac
    avec Jacob
    avec Moïse
    avec David
Vallée de Vision
Muraille
Porte
Chevet du Lit
Petite
Humble
Servante
Tutrice des pauvres
Goutte
Grand Bien
Grande Bonté
Pain de la Terre
Âme du Tabernacle
Chandelier du Saint, béni soit-Il
Couronne sur la Tête du Roi Suprême
Sceau du Roi Suprême

Mezouza
Shabbath
Pierre de l'Angle
Pierre Intégrale
Colonne du Milieu
Marque de l'Alliance
Fille de Mon Cœur
Anô'khî
Olâm
Serment du Seigneur
Tribunal
Beauté d'Israël
Colombe
Monceau de pierre
Puits
Réservoir de l'âme des Justes
Pain azyme
Sacrifice quotidien du matin
Base du Monde

Ne serait-ce qu'à travers le *Zohar* ou le *Ra'aïah Me'hemnah* (Pasteur Fidèle), cette liste copieuse d'éléments informateurs fait apparaître l'extrême complexité de la notion de *Shekhinah.* Nous savons que personne n'était mieux qualifié que Moïse pour dévoiler ce mystère. Ce que nous avons appris, c'est qu'Abraham n'aperçut la *Shekhinah* qu'après sa circoncision — et jamais auparavant. Nous savons aussi que c'est la *Shekhinah* qui délivra le roi David prisonnier d'Achis, roi de Geth. Nous savons que c'est elle qui accompagne l'homme qui observe les commandements de la *Torah*. Nous savons encore qu'elle aime les lieux où règne la joie, et qu'elle n'est jamais si rayonnante que lorsqu'elle est unie à son Époux Céleste, le Roi Suprême. C'est alors qu'elle porte le nom d'*Anô'khî* (JE). Et *Anô'khî*, disent les *Sithré torah*, est « le mystère de tout, la synthèse de toutes les lettres et de tous les mystères d'En Haut et d'en bas ».

Ce que savent les fidèles hébreux, c'est que la *Shekhinah* est présente à toute récitation de liturgie en langue sacrée. Sa sanctification correspond au monde d'en bas, et c'est la raison pour laquelle la liturgie est récitée assis. Par contre, la récitation a lieu debout lorsqu'il s'agit de la sanctification du monde d'En Haut.

Il existe une différence bien tranchée entre ce qu'on appelle la « Gloire du Seigneur » et la « Gloire du Seigneur en Son Lieu ». La prière adressée à la *Shekhinah* est à l'image de l'échelle de Jacob dont le bas est appuyé sur la terre. Lorsqu'elle touche le « Ciel », elle parvient au Saint, béni soit-Il, le *Qadosch Barou'kh Hou*. « Comme la prière, dit le *Zohar*, attache l'homme à la *Shekhinah*, et comme le Saint, béni soit-Il, est constamment attaché à la *Shekhinah*, il s'ensuit que, par la prière, l'homme est uni au Saint, béni soit-Il, Lui-même » (I : 279b, 280a).

Curieusement, ce n'est pas par la prière que l'homme peut s'adresser au Roi Suprême : c'est par l'étude de la Loi. Et la preuve du fait, telle qu'elle est avancée par les kabbalistes, réside dans le simple impératif qu'il ne faut faire « aucune pause entre la prière et l'étude » (I : 255b). La première alerte la *Shekhinah*, la seconde atteint le *Qadosch Barou'kh Hou*.

Au sein de l'Essence divine coexistent deux lumières, dit le *Zohar*. La première lumière — active — est appelée « jour ». La seconde — passive — est appelée « nuit » (I : 16b, 17a). La lumière active est intégralement « sainte » ou « maximale », si l'on peut s'exprimer ainsi. Elle est Toute Divinité — et là, la Divinité y est Tout. Cette lumière baigne les deux mondes de l'Émanation *(Olâm Ha-Atsilouth)* et de la Création *(Olâm Ha-Briah)*. Ces deux mondes relèvent en fait du principe mâle, quoique le principe femelle y soit mêlé car, à ce Degré, la distinction n'existe pas. La lumière passive baigne les deux mondes de la Formation *(Olâm Ha-Yetsirah)* et de la Fabrication *(Olâm Ha-Assiah)*. Ces deux mondes relèvent uniquement du principe femelle. Si la lumière y est toujours « sainte », elle n'est plus maximale, mais atténuée — *lux obnubilata*. Les mondes matériels — de même que les âmes et les anges — ne peuvent subsister que grâce à l'atténuation de la lumière active.

Cette dernière considération explique ainsi le pourquoi des deux lumières. Il n'est pas un seul monde dit « inférieur » qui pourrait résister à la Lumière absolue. Dans ces conditions, le *Qadosch Barou'kh Hou* n'a pu donner naissance aux mondes célestes et matériels qu'en atténuant la lumière active. De là provient cette subdivision des mondes. De là provient, par voie de conséquence, cet « assessorat divin », si l'on on ose dire, cette délégation au principe femelle du pouvoir de créer, de maintenir et de régenter les deux mondes du « bas ». Ce principe femelle, c'est la *Shekhinah*.

Ces observations définissent une donnée de fait, à savoir que le *présupposé* de la *Shekhinah* est la *lumière*. Du monde de l'Émanation à la créature, *tout est lumière*. Lorsque Azriel de Gérone donne cet enseignement de base dans son *Chapitre sur la kawanna par les anciens kabbalistes* : « Imagine-toi que tu es lumière, et que tout ce qui t'entoure est lumière, lumière dans chaque direction et de chaque côté... », il nous incite presque à croire sans fondement. Imagine-toi... Mais il n'y a même pas à s'imaginer. La Création est Lumière. Lumière émanée. Lumière absorbée. Lumière réfléchie. Qu'il s'agisse de l'être humain ou de toute photosynthèse, c'est toujours l'énergie lumineuse qui est en cause. C'est ainsi que la peau se révèle être une tunique de lumière consommatrice de photons. On sait qu'en hébreu le mot « peau » se prononce « or », comme si l'on énonçait le mot « lumière ». Il ne se distingue dans l'écriture que par un changement de lettre muette (*ayïn* au lieu d'*aleph*), sans modification de la vocalisation. La Genèse (III : 21) rapporte que le Créateur « fit pour l'homme et pour sa femme des tuniques de peau *[kathnôth or]* et les en vêtit ». Ces « tuniques de peau » sont franchement considérées par nombre de kabbalistes comme des tuniques de lumière, d'autant plus que la tradition hébraïque affirme que le mot « *or* » était écrit selon la graphie du mot « lumière » dans la copie de la *Torah* que possédait Rabbi Méir.

La « résidence » de la lumière est coordonnée à ce que Maïmonide appelle l'« épanchement de l'Intellectif actif », lorsqu'il interprète le verset du psaume de David : « C'est par Ta Lumière que nous voyons la lumière » (XXXVI : 10). « Tourne-toi vers la droite, dit Azriel, et tu trouveras une lumière brillante, vers la gauche, et tu trouveras une aura qui est la lumière radieuse. Et entre elles et au-dessus d'elles la lumière du *Kavod* [Gloire divine], et autour d'elle, la lumière de vie. Et au-dessus de lui la couronne de lumière qui ceint ce à quoi les pensées aspirent, qui éclaire les chemins des représentations et fait briller la splendeur des visions. »

Lumière qui absorbe toutes les portions de lumière des champs électromagnétiques qui viennent frapper son organisme, à commencer par sa peau, l'être humain habite à la périphérie de la *Shekhinah.* Son pouvoir réflecteur est d'autant plus élevé qu'il saisit la nature ultime du réel comme « actualité de l'Énergie », au sens où l'entendait le Stagirite.

La Sakina

Présence de plénitude

RENCONTRE AVEC DALIL BOUBAKEUR*

La *Sakina* est dans l'islam une notion du concret de l'existant, de ce que l'on rend existant à soi-même parce qu'il n'y a pas de Présence sans le sens que le vivant, l'humain, lui donne. C'est par rapport à la personne que toute chose prend une présence parce qu'il y a regard, vie, quelque chose qui lui donne sa valeur, sa place, sa ou une raison d'être, pas nécessairement objective. Dès lors qu'il y a une subjectivité quelque part, le monde prend son sens : le cosmos, jusqu'à l'atome élémentaire, tout s'imbrique dans une logique parce que l'esprit qui conçoit tout cela ne se trouve en aucune part en contradiction avec ce qui est présent. Je dirais même que certaines présences qui ne trouvent pas d'explications ont un sens, et que ce qui compte, c'est ce sens. Si c'est un sens caché, mystérieux, il faut être patient.

Pour moi, il n'y a pas de présence sans personne,

* Grand Recteur de la mosquée de Paris. Propos recueillis par Sophie Pierron-Rigal et Éric Le Nouvel.

sans une personne ; la personne humaine donne tout son sens à la Présence. Pour le musulman, cette dernière ne peut être qu'une présence révélée ou irrévélée, c'est-à-dire, au fond, la volonté divine qui rend une chose présente — comme dans le verset coranique : « Sois et il est » *(Koun Fayakoun)* — dans son essence. Dans ce qui n'est pas permis ou pas possible — caché ou perceptible —, l'irrévélé est une volonté de Dieu de ne pas se livrer dans l'information donnée à l'être humain, parce que ce dernier est limité dans sa raison, dans ses facultés. Certaines choses ne sont présentes que grâce à la révélation : on n'aurait aucune notion de la présence de Dieu s'il n'y avait pas eu la révélation volontaire d'affirmer cette présence et cette transcendance. Car la présence est une existence dialectisée et dialectique, dans le sens où elle trouve sa pleine signification par la création de l'être humain ; elle est intemporelle et éternelle. Nous considérons que le monde s'est organisé dans une sorte de mise en condition générale, créée pour que le souffle de la présence humaine trouve sa place et donne sa cohérence à tout ce qui a précédé et qui suivra dans l'infini du temps. Il n'y aurait pas eu de pensée créatrice, d'organisation, sans qu'il y ait un projet, et celui-ci passe nécessairement par l'avènement de l'homme, pas seulement en tant que fruit d'une évolution matérielle. Qu'importe l'enveloppe sous laquelle s'est présenté l'homme, fût-il pithécantrope, australopithèque, etc. Il importe qu'un jour l'esprit humain se soit manifesté sur terre et que, très rapidement dans l'histoire de l'homme, la révélation est venue lui expliquer le pourquoi des choses. Peu importe le comment ; avant d'être un comment, la Présence répond au pourquoi.

La révélation est en même temps la clé et la clé de voûte du créé tout entier et de la Présence. La Présence est la manifestation, comme il est dit dans le Coran, de la volonté d'un Dieu vivant. C'est le credo, le verset du Trône dans le Coran. Dans cette affirmation, Dieu est vivant, subsistant, ne connaît ni la somnolence ni l'assoupissement : Il est Dieu. Il est Lumière, lumière sur lumière. Il est la lumière des Cieux et de la Terre, et il attire vers cette lumière qui Il veut. Il est volonté absolue, libre, créatrice, créante, aimante, présente et illuminante. Dans l'islam, tout prend un sens et une orientation — se souvenant que ce terme provient du mot « orient », le lever du soleil. C'est-à-dire que l'homme s'oriente vers l'essence des choses, vers la production des choses, vers la naissance de la lumière, et que l'homme bien orienté a déjà un tropisme polarisant vers cette transcendance, cette création. Être désorienté, c'est se trouver à contre-sens de l'orient, du lever du soleil ; au lieu d'aller vers cette lumière, on s'en éloigne, on chemine à contre-sens, à contre-valeur, à contre-religion, à contre-spiritualité. Plus on s'éloigne de cette source de la vie, source de la Présence, plus on va vers l'absence, le froid, la mort.

Et l'absence, c'est l'homme sans Dieu, l'homme sans repère, l'homme qui a oublié, finalement, pourquoi il vit, pourquoi il meurt. C'est une affaire entendue, entre l'être et le néant de Jean-Paul Sartre, il se rapproche de plus en plus d'une existence sans essence. Il n'est même plus présent ; il est là, certes, mais comme certaines personnalités psychotiques, délirantes, folles, qui n'ont aucune prise sur le réel et qui, malheureusement, nous font de la peine car il semble qu'il n'y ait plus rien, pas même la pensée structurante du langage. Coupé de cet esprit sage, responsable, l'homme tombe dans la chosification, l'objectal, dans quelque chose qui, vivant ou non, n'est plus une présence. Vous connaissez le : « *Nam senectus est quasi morbus imago* » des Anciens, qui voyaient la vieillesse très avancée, l'état de détérioration et de décrépitude totale, comme l'image de la mort. Le lien entre un être vivant et la mort ainsi conçue comme néant est le désespoir. On a l'impression que quelque chose continue, mais certains éléments ne sont plus participatifs, entrent dans le monde du froid. Sans une religion, la vie même serait une image de la mort. La religion est vitale, elle est l'élément animateur, l'aliment de la spiritualité, la *première présence*[1] qui va inciter l'homme à une autre forme d'action pour son environnement par la connaissance.

Autant le monde a besoin de nous, autant nous avons besoin de sa présence intégrée par l'intellect, digérée par nos facultés cognitives. La connaissance est l'actualisation par l'esprit de la présence mondaine, de la présence des choses. Nous possédons toutes les facultés de la présence intellectuelle — je n'ai pas besoin, par exemple, de prendre quatre bûches pour savoir que deux et deux font quatre —, mais c'est en mettant à l'épreuve ou en pratique ces éléments cognitifs que le monde de la représentation devient aussi le monde de la Présence.

Je dirais qu'il s'agit là d'une conception néo-platonicienne. En effet, notre concept islamique est arrivé dans un moment particulier de l'histoire des religions, notamment après le christianisme, où la question de la présence de Dieu s'était posée. Pendant cinq ou six siècles on a glosé sur la nature de Dieu, la nature de son rapport avec Jésus, avec la déité ; il y eut les théories de consubstantialité ou non, Arius, Nestorius, le monophysisme d'Eutyches ou les Pères de l'Église d'Orient et, avec Ptolémée, la gnose, où toute connaissance ne pouvait être que mystique. Autant de notions qui font de l'islam une religion qui a en quelque sorte traduit les réponses à beaucoup de questions qui se sont posées avec l'avènement du christianisme. L'islam n'est pas qu'une doctrine théologique : il a aussi une présence historique en cela qu'il a apporté un certain nombre de réponses aux questions spirituelles anté-islamiques qui paraissaient irrésolues. Il a fallu quatre conciles pour les asseoir enfin, balayer les unes après les autres toutes les illusions, toutes les hérésies des conceptions de Dieu et de la présence de Dieu, de la nature de son message, de la nature de l'homme qui était venu parler en Son nom et peut-être en celui de Son esprit et de Sa volonté.

Ces notions très fortes, qui ont imprégné beaucoup de débats et qui étaient posées par les Pères de l'Église, par les Patriarches, ont donné lieu à de nombreuses Églises notamment après le concile de

Chalcédoine (451), où l'on trouve des débats platoniciens pour épurer la notion de transcendance, et la gnose avec un certain nombre de philosophes purement spiritualistes. C'est surtout après Ptolémée que les notions sont devenues extrêmement épurées, dépouillées de cette adhésion à une forme, à une *gestalt*, peut-être, de la notion de la Présence de Dieu. Il y a eu d'autres personnages, aussi, comme certains moines mystérieux qui parcouraient l'Arabie — les Hanifs —, qui apportaient des réponses et annonçaient un prophète. Ceci est un fait important dans l'histoire de l'islam, car il marque que le message coranique arrive dans l'histoire et qu'il s'adresse très vite à la réflexion de l'homme : le mot « réflexion » figure sept cent cinquante fois dans le Coran et est venu éveiller la notion de raisonnement dans le domaine même de la religion. Le message coranique est venu pour des êtres doués d'intellect. La réflexion, la méditation, l'approfondissement, la compréhension, sont un accès privilégié à la Présence, à l'exégèse de la connaissance, c'est pourquoi l'islam privilégie cette attitude d'introspection réflexive dans le domaine de la transcendance. Dans l'islam, la religion bien pensée ne peut aboutir qu'à un au-delà de la Présence à soi-même. Par l'ascèse, se transcender, passer de transcendance en transcendance ; dans ce dépassement de l'individu, la connaissance simple devient plus qu'une gnose, elle devient une présence intime et vécue de Dieu, la sagesse devient une attitude de très haute spiritualité et d'approche des vérités premières.

On voit celà dans les cheminements mystiques. Ghazali, l'un des plus grands mystiques de l'islam, nous incite à une reviviscence des sciences de la religion, à une démarche de connaissance et de réflexion sur la Présence avec un caractère rationnel et compréhensible beaucoup plus important que chez d'autres mystiques qui se lancent dans une espèce de délire d'adhésion affective, non raisonnée — comme par exemple al-Hallaj, qui finit exécuté. La mystique d'Ibn Arabî, quant à elle, inclut beaucoup d'éléments de connaissance qui froissent un peu l'orthodoxie de l'islam — elle inclut en effet toutes les croyances —, et arrive aux mêmes conclusions d'amour et d'humanisme très ouverts. Après beaucoup d'exagérations de mystiques, El Ghazali, surnommé « la preuve de l'islam », prône un soufisme bien tempéré qui expose, qui montre les difficultés et les voies d'ascèse réservées à des élites équilibrées. El Ghazali est certainement l'un des plus grands mystiques penseurs donnant à la réflexion toute sa mesure ; considérant aussi qu'elle n'est que limitée — la raison humaine l'étant elle-même —, il conçoit en même temps qu'il y a d'autres voies de connaissance. La raison étant pour lui une faculté inductive ou déductive de connaissance, une connaissance mystique ne saurait sortir du cadre religieux. Là où d'autres sortiraient facilement de l'orthodoxie, Ghazali se tient dans une mystique du « juste milieu ».

Le transcendant est une notion majeure de l'islam qui place le premier des fondements dans l'unicité divine, absolue, rigoureuse, transcendance qui élève vers Dieu dans la mesure où Dieu permet qu'elle s'élève. L'immanence de Dieu ne répond pas à la notion classique d'immanence, d'un Dieu présent partout. Ce panthéisme s'est formellement écarté de l'islam, et même la gnose ou le théisme — étant une perception diffuse de Dieu qui rejoint un peu l'immanence — ne sont qu'une approche de la théologie musulmane. La transcendance reste l'exigence d'un Dieu unique qui n'a ni enfanté ni été enfanté, mais qui se révèle à l'homme par les prophètes, les messagers, par des livres, par des paroles et des exhortations très précises qui constituent la révélation. Chaque religion révélée a son livre, son histoire avec Dieu — et Dieu, comme dit le poète, a rendu l'homme à Dieu et Dieu à l'homme.

Plus qu'une sainte alliance, la Présence devient un élément indissocié et indissociable de la vie. Beaucoup pensent que ce théocentrisme est trop absolu et qu'il laisse de côté les aspects autres que divins de la vie — le rationnel, l'affectif, les éléments d'information autres que religieux. Il n'empêche que pour les musulmans cela est dans l'air qu'on respire, dans une imprégnation de la volonté totale de Dieu de nous révéler un certain nombre de choses qui donnent un sens à notre destin sur terre. D'après nos moyens de connaissance, nous comprenons qu'il y a une différence entre la vie du musulman et celle du chrétien : il n'y a pas de rachat ni de rédemption, pas de péché originel. Pour l'homme de l'islam, le paradis qui nous a été octroyé va devenir un paradis du mérite. Ce mérite va le lier à la volonté de Dieu et nul ne peut se prévaloir de cette volonté avant qu'elle ne se manifeste par une grâce, une miséricorde.

Absence et Présence...

C'est tout à fait le problème du mal et du bien. Chez nous, le mal n'a existé que par la création de l'homme, donc à partir du moment où l'homme est sans la Présence de Dieu. Ce fait permet toutes les modulations de cette présence jusqu'à y compris l'absence. Dans ce cas, l'absence est la représentation infernale de l'existence, la représentation de la non-lumière, du noir absolu. La non-présence ne peut s'imaginer chez nous que dans l'incréé. Il n'y a de l'ombre que par la lumière, il n'y a de mal que parce qu'il y a un bien, il y a une mort parce qu'il y a une vie.

La vérité est une essence qui est promesse, c'est une chose promise par toute la création et elle grandit en celui qui sait l'écouter. C'est une espèce de devenir. Un verset coranique dit que « tout l'avenir est vers Dieu » : « *Masir.* » Cela caractérise toujours le fait que nous allons vers la vérité, la vérité des choses, la vérité de la création, tout en nous rapprochant de Dieu par la connaissance. Il y a toute une séquence création-connaissance-vérité qui aboutirait à des présences différentes, à des notions plus ou moins intégrées à la capacité de l'homme, car il lui faut une préparation. On dit que toute vérité n'est pas bonne à prendre, de même toute présence n'est pas accessible et nécessite probablement une attitude, une formation. Voilà pourquoi la vie de l'être humain est peut-être une préparation constante, un perfectionnement permanent.

Quelle consigne donnez-vous à un musulman par rapport à son corps social, quelle attitude juste préconisez-vous pour qu'il puisse recevoir Dieu ?

Selon la mystique générale de l'islam, la recherche de Dieu doit se faire à travers la révélation, mais aussi quelque part en soi-même, parcelle de Dieu. Je prends la parabole de Ghazali selon laquelle nous devons, par notre effort introspectif, balayer les scories qui encombrent notre miroir intérieur, de manière à ce qu'un jour nous puissions voir le reflet de la Vérité, le nom de Dieu. Ceci est très important, notre destinée propre. L'homme doit s'efforcer d'écarter ses mauvaises tendances, il n'est ni ange ni bête, mais tient un peu des deux à la fois. Il doit, par sa réflexion, faire le tri, épurer le sentiment de son ego de manière à rendre sensible la perception des choses divines. Le fait d'atteindre ces sphères de la connaissance des choses divines appartient à Dieu qui les réserve à qui Il veut. C'est comme la lumière : on la reçoit, mais on ne devient pas soi-même lumière ; il y a essentiellement « fusion sans confusion ». Il y a le fait que l'on veut se fondre dans cette lumière, participer à cette illumination, mais on n'est pas la lumière ! Pas plus que le miroir qui reçoit la lumière du soleil ne devient soleil. Pour nous, ne pas se prendre pour Dieu mais être un réceptacle actif de la vérité de la parole est un devoir que nous avons envers nous-mêmes.

Pour ce qui est du corps, pour recevoir cette lumière, il faut tout d'abord absorber son excessive présence, pratiquer le renoncement, dépasser en quelque sorte les appels de la jouissance de la vie éphémère, physique, etc., par une pratique appropriée. C'est-à-dire renoncer aux appétits, à la possession, à tout ce qui n'est pas l'élévation de l'être — ce que pratiquent les soufis, ou tous ceux qui pratiquent la pauvreté, la charité, la non-violence, toutes les qualités spirituelles que l'on retrouve dans tant de spiritualités.

J'ai invité le Dalaï-Lama à venir à la mosquée de Paris. C'était un acte très symbolique, certains l'ont compris, d'autres pas. Bien que je n'adhère pas à ses conceptions de l'homme, de la spiritualité humaine, j'avais compris qu'il n'y avait rien de fondamentalement opposé et que ses concepts d'amour, de charité, de solidarité, vraiment pratiqués avec un sens spirituel élevé, n'étaient pas non plus étrangers aux autres spiritualités, qu'il s'agisse du christianisme ou de l'islam. L'amour du prochain fait partie d'un certain oubli de sa propre présence. La présence d'autrui doit être vécue non pas comme quelque chose d'hostile, d'ablatif de nous-mêmes, mais au contraire comme quelque chose qui va nous apporter, nous donner.

Le Coran dit : « Nous vous avons créés d'un homme et d'une femme, et avons fait de vous des peuples et des tribus, afin que vous vous connaissiez les uns les autres. » Nous retrouvons même dans la différenciation du genre humain l'exigence de connaissance. L'altérité des êtres est fondatrice de l'exigence d'amour pour les uns et pour les autres, sinon c'est le mal, la non-présence.

Moi qui ai beaucoup traité de musulmans en tant que médecin, surtout dans la période d'immigration des années soixante-dix, j'avais été fortement choqué par l'absence même du regard d'autrui. Ces gens rasaient les murs et personne ne leur accordait la moindre attention. Eux ou le mur, c'était pareil. C'est là où j'ai vu les conséquences, en tant que médecin, de cette situation psychologique et de cette privation affective, quelle qu'en soit la nature. Cette rupture de la relation entre soi et autrui est une perdition, quelque chose de terrible qui efface une présence. Ceci est complètement opposé à notre notion d'humanisme occidental qui fait qu'un autre est un exemplaire unique de création — je crois que Heidegger disait « *Einziger* », l'unique —, que chaque être humain est un unique exemplaire en soi. Mais il n'est pas un objet, il est une vie, un tout que je n'ai pas le droit de diviser, de séparer. À la limite, cet exemplaire unique est quelque chose qui sacralise l'humanisme, qui est presque une religion de la création humaine en Dieu. Dans l'islam, il y a cette émergence d'humanisme, justement dans le fait que la volonté de Dieu est de faire de chaque être humain le réceptacle du divin ; ce réceptacle est une préparation à son épanouissement, épanouissement d'une présence qu'on n'a pas le droit de freiner.

L'islam vit tout à fait avec les autres religions du Livre avec lesquelles il est recommandé dans le Coran de ne discuter qu'avec courtoisie. Il n'y a pas la notion d'une inimitié fondamentale entre l'islam et les autres religions monothéistes. À ses débuts, l'islam considérait au contraire que les premiers musulmans devaient être les juifs et les chrétiens — c'est-à-dire ceux qui se sont d'abord soumis à la loi d'Abraham, de Moïse, de Jésus et qui se voyaient confirmer dans leur foi avec un rappel musulman qui fixe la notion de soumission à Dieu, à un Dieu unique précisé dans sa miséricorde, dans son unicité avec une rigueur encore plus forte dans l'islam. C'est le Dieu d'Abraham, d'Ismaël, d'Isaac, de Jacob, des tribus... C'est Dieu ! L'islam apporte davantage l'attribut de rigueur de ce monothéisme, un Dieu qui est vraiment unique, transcendant et qui n'a pas enfanté, qui n'a pas été enfanté, qui n'est pas soumis aux règles de l'humanité, d'une humanité, si on peut dire, presque anthropomorphique de Dieu.

Un verset dit : « Nous croyons et sommes soumis à Dieu » et les musulmans ne font aucune différence entre les prophètes auxquels les hommes se sont soumis et qui tous ont dit : « Nous nous sommes soumis à Dieu. » Également dans le Coran, il est dit au peuple d'Israël : « Nous t'avons choisi, nous avons fait de toi des prophètes et des rois. » Ainsi, même dans l'élection du peuple d'Israël existe un choix de Dieu unique, laquelle transmission à travers tous les prophètes s'est étendue à Jésus, aussi prophète de Dieu — il n'y a rien dans tout cela qui fasse rupture, mais une précision progressive du message de Dieu, et un appel et un rappel à un monothéisme absolument intransigeant sur lequel il ne faut pas revenir. Dieu a des attributs. Sa Présence ne peut être assimilée à la présence d'un être humain. Il est la vie. C'est toute la différence.

Cette Présence est amour. Dans le premier verset coranique il est dit : « Voici le Livre sur lequel il n'y a point de doute, une bonne voie pour tous ceux qui croient en l'irrévélé. » Nous restons un peu en deçà des définitions trop précises sur la présence de Dieu en la manière dont nous la percevons. L'islam laisse une grande part au mystère de Dieu. C'est cela, la transcendance. Devant cette Présence, les plus humbles sont les musulmans — *islam* veut dire « soumis ». Quand on tombe le menton contre terre devant une connaissance telle que la connaissance divine, on donne là aussi un sens à cette Présence, source de vraie science.

Au regard de cette Présence, de ce mystère de Dieu, comment se situe l'approche du masculin et du féminin dans le Coran ?

Il existe un état particulier de l'homme devant ce qui se révèle en lui ; cette révélation aboutit à un état que nous appelons *Sakina*, c'est-à-dire non pas le *nirvana*, mais la béatitude qui n'est pas fondatrice d'un élément masculin ou féminin. Je peux vous citer des versets complets où croyants, croyantes, orants, orantes, etc., sont pour Dieu une même Présence dispensée indistinctement.

À un moindre degré, la Présence est également consolation, car le destin de l'homme sur terre est un destin d'attente, un destin éphémère où il doit mériter, faire des efforts ; quelque part, c'est un destin tragique. Sur terre, il ne doit pas attendre la joie d'une manière trop ostentatoire, car la terre n'est pas la vallée des larmes dont parle le poète, mais une terre d'épreuves, d'endurance, de patience, où l'on va éprouver son être par rapport à des difficultés, à des moments de doute, de peine, de souffrance, des douleurs morales et des tentations. Le destin de l'homme sur terre n'est pas facile.

En conséquence, tout l'être est tendu vers Dieu qui sera le consolateur mais aussi la promesse d'autres présences, celles de l'après-vie, car sans l'après-vie on ne peut comprendre l'islam. Pour nous, la vraie vie, c'est après. Mais sur terre, nous avons besoin de consolation, d'un soutien, d'une présence qui nous aide à supporter l'humaine condition et à mériter le salut. Le mal sur terre ne peut s'expliquer qu'ainsi. La création du mal est concomitante à la création de l'homme, de la vie. Les conséquences de cette présence du mal sont un monde autre, avec d'autres paramètres d'existence d'où le mal sera exclu. Voilà le triptyque de la notion du mal. Il sera éliminé là où on va. Il n'y aura plus de mal. Dans le Coran, encore une fois, ce sera le paradis où l'on n'entendra ni cris ni lamentations, seulement le mot « paix » : *Salam! Salam!* Ce sera la demeure de la paix. La paix, c'est une *Sakina*, une Présence de plénitude, une Présence totale. Limitée par l'humaine condition, elle ne peut jamais être entièrement satisfaisante. La Présence est la promesse de l'homme dans le monde à venir.

Une présence-absence qui ouvre l'avenir

FRANÇOIS BOUSQUET *

Nous ne devons pas parler trop vite de la présence et de l'absence de Dieu. Le témoignage rendu à Dieu, qui n'est pas seulement en gestes de vie, mais aussi en paroles, doit être sobre et vrai. Or, quand il s'agit de Dieu, ni sa présence ni son absence ne peuvent être énoncées sans correctif. Car la présence du Dieu vivant est tout le contraire de celle de l'idole. Et le risque serait grand, aussi, de nous installer dans le deuil de son absence supposée, hâtivement canonisée comme liberté rendue à l'« adulte » ou à l'« homme majeur ». Deux illusions se répondent alors : celle d'une omniprésence qui ne tiendrait pas compte de l'invisibilité, et celle d'une solitude qui ne serait plus habitée d'un échange mystérieux. L'expérience chrétienne est autre, biblique et christique, qui donne une forme reconnaissable à la vie spirituelle. La tradition

* Texte reproduit avec l'aimable autorisation de la revue *Christus* (oct. 1993).

croyante ne manque pas de repères, singulièrement dans le rapport à l'Écriture et la pratique sacramentelle, pour rendre compte avec justesse, mais dans une dynamique inépuisable, de la présence et de l'absence du Dieu vivant.

C'est cela qu'il convient d'expliciter quelque peu, précisément en un moment de notre aventure spirituelle, occidentale du moins, où l'expérience croyante, chrétienne, vient à la rencontre de l'expérience humaine commune.

La double tentation

Tout se passe en effet comme si, pour nos contemporains, une double tentation symétrique se faisait récurrente : celle de chercher Dieu dans le merveilleux, celle de l'oublier dans l'indifférence. Une même crise spirituelle produit ce double effet contrasté. Elle consiste à ne plus bien savoir distinguer Dieu le Père de Jésus-Christ, dont l'Esprit, qui fait toute la différence, nous est pourtant donné pour cette reconnaissance. Le plus extraordinaire, en y réfléchissant, est de pouvoir marquer combien un retour au centre de la foi chrétienne relève le meilleur de la conscience religieuse moderne, dès que l'une et l'autre, dans un même mouvement, nous rendent attentifs à la corrélation entre la part du sens de Dieu et celle du sens du réel, ou bien, positivement, à la corrélation entre la reconnaissance du Dieu vivant et le retour d'une liberté concrète, attachée à la réalité d'un avenir d'espérance. Aux faux dieux correspond une réalité qui s'évapore, au Dieu vivant répond la grâce d'une liberté rendue, active et sereine. Ce qui, de nouveau, doit être dit avec précision pour n'être pas mal entendu.

Dieu n'est pas présent dans le merveilleux. Il n'est pas besoin d'épiloguer longtemps sur le retour d'un religieux diffus et foisonnant auquel nous assistons. Le mot « retour » fait un peu illusion, car il serait difficile de penser que cette tendance archaïque ait été jamais vraiment absente. Tout au plus était-elle conjointement refoulée de l'attention par la critique issue des Lumières, et soigneusement contrôlée par la Contre-Réforme. Dans un contexte où le soupçon en est venu à porter sur le soupçon lui-même, mais aussi où l'institution ecclésiale n'opère plus comme un régulateur social, le religieux archaïque et permanent a cessé d'être occulté ou « baptisé », et réapparaît en force, avec ses ambiguïtés. Il faut le noter : foi et sciences humaines savent ensemble son ambivalence. Ce religieux-là est fondamentalement humain, et donc noble ; mais il a aussi rapport au désir et à la violence, et doit donc être identifié comme tel — et converti ou purifié, ajoute la foi.

« Dieu en direct », voilà l'essence du paganisme religieux. Dieu partout, comme de raison désigné dans les puissances multiformes, sacrales ou séculières, qui menacent ou fascinent. Ce divin diffus s'enchante d'un monde rempli de signes, dont l'aléatoire et la contradiction ne rebutent pas leurs déchiffreurs naïfs ou patentés, voire qui en font argent. Le destin et l'avenir, dans un monde si chaotique, préoccupent à juste titre nos contemporains. La sécularisation, qui est effective, en ce que le religieux n'est plus constituant des savoirs et des pratiques (économie, droit, médecine, techniques), n'a pas supprimé les croyances, qui se sont déplacées. Le religieux archaïque, le débat de l'homme avec ce qui le dépasse et risque de le déstabiliser, s'est investi autrement. La critique moderne continue de chercher où l'homme s'y exprime, et où il s'aliène ; la foi continue de pratiquer le discernement des esprits, pour ne pas confondre l'idole et la pierre d'attente évangélique.

Les chrétiens eux-mêmes en sont avertis : il n'est pas sain d'appeler « présence de Dieu » tout ce qui arrive, au risque de confondre providence et hasard ou fatalité, et de faire de Dieu l'auteur du mal ou du négatif. Il n'est pas chrétien de resacraliser toutes choses indistinctement, et de multiplier les signes insignifiants, contrairement aux apprentissages bibliques ou à la révélation christique, qui « dédivinisent » tout ce qui n'est pas Dieu, et font de l'homme à l'image de Dieu le seul sacré qui vaille. Il n'est pas respectueux enfin, ni de l'homme, ni de Dieu qui fait corps avec lui au prix de sa vie, de déréaliser l'histoire de la liberté humaine appelée à la sanctification, au profit d'arrière-mondes magiques ou fantasmatiques.

Pas plus que Dieu n'est présent n'importe comment, il n'est pour le croyant absent dans l'insignifiance. Quand « Dieu » sombre dans l'oubli de l'indifférence, ce n'est pas Lui qui s'efface, assurément, mais sa différence qui n'est plus reconnue et signifiée, en pratique et en effet. Que l'on soit dans une culture où la religion prolifère comme en Inde, ou dans un contexte entièrement sécularisé comme le nôtre, la question demeure de faire cette différence. Il ne mène pas très loin d'évoquer, comme causes de l'état de fait qui règne chez nous, la logique matérialiste d'un monde dont le double ressort est l'argent et la technique, et par ailleurs le déficit de témoignage chez les croyants eux-mêmes. L'important est de saisir la racine de l'indifférence dans l'indifférenciation progressive d'un Dieu qui n'est plus nommé pour ce qu'il est, ni reconnu comme il se révèle, dans l'histoire d'une alliance et dans sa vie trinitaire. Ce Dieu-là — non pas tant « dans les limites de la simple raison » que jouant les utilités sur le théâtre de notre imaginaire — est devenu progressivement principe abstrait, et bientôt superflu, parce que repoussé aux horizons lointains et donc dans les marges, qu'il s'agisse d'expliquer le monde ou de justifier une morale. Ce n'est plus le Dieu vivant connu comme il s'est montré, agissant au cœur du présent et au cœur des hommes.

Il est saisissant d'observer que, lorsque n'est plus perçue la relation du monde à son Créateur, le monde devient opaque et indéchiffrable. Pour lire les signes que la main trace sur le papier, il faut un tiers, qui est la lumière, pour éclairer ce qui peu à peu prend forme du travail de l'une et de la consistance de l'autre. Ainsi, de l'altérité du Créateur, pour ce dynamisme où la réalité de l'homme dans son monde à la fois prend corps et se déchiffre. Présence-absence du Créateur ? Chacun des deux mots, sans correctif, ou sans leur couplage, risque de porter à faux.

Car Dieu n'est pas présent comme l'une des choses du monde, encore bien moins comme une métaphore ou un superlatif de l'humain, qui n'en feraient qu'une projection de nous-mêmes. Il est présent autrement, dans ce qui est au-delà de l'absence et de la présence, une relation vive, où il demeure lui-même, où nous demeurons nous-mêmes, tandis qu'il nous partage son existence, qui est d'aimer. C'est ainsi que s'atteste l'Absolu, l'Unique, qui est en lui-même vie de relation, vie trinitaire : dans sa capacité à tenir au relatif, à faire corps avec lui par l'incarnation du Verbe, dans une manière d'être, au cœur du mystère, qui tout en redoublant sa transcendance nous rend à nous-mêmes.

La présence de Dieu à ce qui est vraiment autre que lui et qui a sa consistance propre ne peut dès lors être que différente. Il n'est pas « absent » non plus, puisqu'il désire la relation. Dieu est Dieu, à la fois au-delà de tout et au cœur de la liberté du seul être dont il est dit qu'il soit à son image. Si sa différence est d'être saint, amour total, sans repentance, en même temps quiconque aime est né de Dieu et connaît Dieu. Dieu n'est pas « autre » comme s'il était imaginable ou localisable en quelque doublet de ce monde-ci, mais autre comme amour qui est Père, qui est Fils, et qui est Esprit : ce qui appelle et correspond en nous à une manière d'être selon la filiation divine et la fraternité humaine, dont l'aspect concret est radical, et critique de tout imaginaire débrayé du réel.

Quant à l'absence de Dieu, il faut ici encore distinguer. Il y a une absence, où sa colère est la nôtre, qui crie contre ce néant que précisément Dieu n'est pas, et où toute reconnaissance est impossible : Dieu n'est pas, et il faut l'attester, dans la violence qui défigure l'homme, dans l'injustice et la haine, ou bien encore dans l'absurde de la mort innocente. Par contre, il habite mystérieusement cette absence, ce creux dans la déréliction d'où jaillit l'invocation, ce vide du face-à-face avec la haine ou la mort et, plus paradoxal encore, il habite même, jusqu'à se faire reconnaître dans le pardon et la paix, le cœur inquiet du pécheur. L'abîme le plus saisissant de cette présence-là dans l'absence est sans doute, comme dans l'Exil pour le peuple juif, comme — centralement — pour le Christ en agonie, comme un jour ou l'autre possiblement pour chacun, dans l'espérance maintenue contre toute espérance : l'abîme de l'amour de Dieu surgissant comme plus profond encore que l'abîme du néant, et reconnu dans ce qui est la foi la plus nue.

Ainsi, la relation à Dieu n'est ni la présence de l'idole ni l'absence de l'abandon. Elle est l'insistance d'une proximité et d'une alliance, dans la différence reconnue et maintenue comme bénéfique, et salvatrice, de Dieu à l'homme, et l'ouverture d'une promesse et d'un avenir. Quand la reconnaissance de cette relation s'estompe, le monde et la vie deviennent opaques. Il y a tant de « présences », cette fois compactes, qui prolifèrent en nous et autour de nous : vacarme des médias, anonymat des foules solitaires, soucis accumulés, des plus futiles aux plus pressants ; nature dont la beauté elle-même devient muette, temps qui engloutit nos vies : il y a des trop-pleins qui sont bien vides, et nous droguent, que cela nous anesthésie ou nous excite. Le premier pas de la vie spirituelle commence avec le retour à l'attention, attention au contenu de notre existence et attention à la Parole que Dieu nous adresse dans le silence.

La grâce d'une liberté neuve

Cependant, la question demeure : « Où est-il, ton Dieu ? » Quand il s'agit du scandale du mal, seules la croix et la résurrection permettent de trouver l'attitude juste et solidaire. Mais il y a l'ordinaire.

Un piège ici doit être déjoué. Impressionnés, certains chrétiens se sont accoutumés à faire de « l'absence de Dieu » un thème spirituel, en faisant peut-être hâtivement leur deuil d'un Dieu qui semblait ne plus parler aux contemporains. Or l'on ne doit pas entendre de mauvaise manière qu'il s'agit de vivre en chrétiens « adultes » et en « hommes majeurs », *etsi Deus non daretur*, « comme si Dieu n'était pas donné ». Si cela veut dire que Dieu nous demande d'assumer nos responsabilités et de cesser toute incantation magique, cela peut avoir un sens : le don de Dieu suscite notre liberté comme la grâce ne supprime pas la nature. Mais tomber dans une problématique d'exclusion : ou Dieu agit ou bien c'est moi, ou bien la grâce ou bien la liberté, serait redoutable. Le Créateur veut être honoré dans le don le plus précieux qui nous est fait, et qui est en nous à sa ressemblance : la liberté responsable. Plus Dieu est créateur, plus nous advenons à nous-mêmes. Sa présence ne fait pas nombre avec nous. Son Souffle n'agit pas à notre place, mais par nous.

Dieu pleinement Dieu, radicalement autre que moi, et plus présent à moi-même que je ne le suis : les deux propositions doivent être tenues simultanément et non pas successivement. À la plus grande intériorité répond la plus haute transcendance. Dieu, qui me crée et me recrée sans cesse, n'agit pas à ma place, mais relève ma liberté en me rendant à moi-même en vérité, délié, si je l'accepte, de ce qui m'empêche de coïncider avec son vouloir. Ainsi, c'est au cœur de nos libertés que Dieu travaille sans cesse, et se laisse trouver dans l'adhésion à son vouloir.

Le lieu de l'accès à la foi est toujours le lieu où les libertés s'engagent. Nous voilà — ce qui demande reconnaissance, à tous les sens du mot — habités et non pas aliénés. Nous voilà — à cause d'une présence singulière qui maintient son incognito, et dont la puissance s'exprime précisément en ne s'imposant pas — libérés d'une solitude où nous ne nous connaissions ni comme uniques ni comme solidaires. Nous voilà, aussi, non pas sans frémissements ni risques, non pas sans angoisses ni épreuves, non pas sans souffrir de la vie comme elle va, et du mal subi ou commis, mais sans peur et sans désespérance. À cause de la passion et de la résurrection du Christ, dont nous sommes contemporains — ce qui nous fait réaliser à quel point Dieu lui-même en la personne de son Fils fait corps avec nos vies. Voilà que l'Esprit de Jésus et de son Père ranime notre liberté en nous donnant du Souffle, premièrement en appropriant à nos capacités et à nos limites la vie même de Dieu, secondement en transfigurant et dilatant ces capacités.

Si l'on a compris cela, non pas seulement l'action mais la prière elle-même s'en trouve modifiée. La prière de demande n'est plus une incantation, et pas davantage, à l'inverse, un entraînement à la résignation. Elle transforme notre désir jusqu'à ce qu'il corresponde au désir de Dieu. Elle ne change pas Dieu, qui est le même, à vouloir sans cesse notre bien, mais, en nous expliquant avec lui, elle change notre regard.

En même temps, la liberté renouvelée que Dieu donne est grâce. Ce qui signifie d'abord qu'il n'y a pas à s'enfermer dans un quelconque volontarisme, dont l'échec est rapidement cause de désolation. La volonté se tend et se fatigue, la grâce coule de source et ne s'épuise pas. Ce qui signifie aussi une liberté « gracieuse ». De même que Dieu est présent en sa puissance discrète dans le silence, en donnant de l'espace et du jeu dans sa manière de ne pas s'imposer, dans l'inspiration paisible où advient du neuf qui est prometteur, de même la liberté « gracieuse » garde de l'humour par rapport à elle-même : il y a tant de ressources, d'imprévus et d'inconnu à découvrir en Dieu et en chacun, dans leur relation mutuelle au jour le jour, que les lenteurs, les retombées, les crises, peuvent être assumées avec une distance, voire une ironie envers soi-même, qui permet d'absorber les chocs et les découragements.

Tous les paradoxes, liés au mode particulier qu'a Dieu d'être présent-absent, se retrouvent là : la patience de Dieu nourrit la passion de l'homme, l'humilité lutte contre l'humiliation, la gloire de Dieu fait la vie de l'homme, la liberté s'appuie sur les nécessités pour réaliser des possibles neufs — et par-dessus tout, l'incognito du Dieu toujours plus grand ouvre sans cesse l'avenir de tous et de chacun.

Une présence-absence qui ouvre l'avenir

L'Éternel, quand il entre en personne dans l'histoire des hommes, se fait pour eux avenir. Le Dieu fait homme est l'avenir de l'homme, et c'est maintenant. On voit dès lors ce qui manque aux concepts d'absence et de présence, et qui tient à leur immobilité, et à la connotation, assez lourde, du contact ou du non-contact. Ils sont trop univoques aussi, comme le laisse paraître une opposition trop sommaire. Car, on l'a dit, il y a des absences peuplées et des présences étouffantes.

La bonne position du langage à se tenir à soi-même sur ce point — « Comment Dieu m'est-il présent, lui dont je ressens, non sans peine, l'absence ? » — consiste à considérer l'avenir. Autrui et l'avenir sont les deux modalités d'une altérité non maîtrisable

— c'est-à-dire que nous ne pouvons envisager de dominer que dans la violence ou l'illusion — qui sont assurément les plus révélateurs de notre rapport à cet Autre qu'est Dieu pour nous. Le test le plus rapide pour évaluer comment nous nous laissons travailler par la question que Dieu nous pose est d'examiner d'abord en vérité la qualité de notre rapport à autrui et à l'avenir.

Dans le christianisme, l'histoire, l'aventure singulière de nos libertés, est collective de l'espèce dont nous sommes solidaires ; l'histoire est décisive. Elle est le lieu de l'Alliance et de la Promesse, le lieu de l'Incarnation qui est la condition et la source de l'accomplissement en Dieu de nos vies. Pour reprendre le mot d'un enfant de douze ans : « Il est venu chez nous pour que nous allions chez lui. » La fin de l'histoire, que reconnaît et espère la foi, est l'accomplissement du désir de Dieu de nous voir partager son existence, ce pour quoi il est d'abord venu partager la nôtre.

La disproportion, la différence qualitative infinie de Dieu à l'homme, implique la dialectique du révélé-caché ou de l'incognito. Parce qu'il y a dans l'histoire plus que l'histoire, l'Éternel qui y est entré en la personne de son Fils et lui a donné le souffle de son Esprit. Parce qu'à partir du Dieu fait homme, ce n'est pas l'homme qui se fait Dieu, contre toute idolâtrie, mais l'homme qui passe l'homme et se dirige activement vers un avenir riche de possibles neufs. Au Dieu toujours plus grand correspond un homme qui n'a pas fini d'advenir. Les Pères de l'Église avaient bien saisi cette dynamique où le mystère de Dieu se fait avenir de l'homme, couplée avec la révélation de ce qui demeure caché — à cause du mystère source et condition de notre avenir ; un mystère théandrique où, par le Christ et dans l'Esprit, Dieu ne peut plus être envisagé sans son lien à l'homme, ni l'homme sans le présent (l'actualité et le don) qu'est Dieu pour lui. Un mystère qui n'est pas d'abord obscurité, mais qui donnera toujours plus à penser et à agir.

Ainsi les Pères soulignaient-ils la correspondance entre Noël et l'Ascension. À la Nativité, la contemplation porte sur la divinité cachée dans la fragilité humaine : quel avenir alors pour nous, si Dieu lui-même en son Fils se fait l'un de nous et vit de l'intérieur ce qui fait la précarité et la consistance, la souffrance et la beauté de notre existence, s'il vient aimer et parler vrai en tant qu'homme et affronter aussi la mort... ? Mais le mystère de l'Ascension, à l'autre bout de la courbe, n'est pas moins important. Jésus le Christ glorifié et assis à la droite du Père, c'est, en sa personne, l'humanité définitivement assumée et transfigurée en Dieu. Quel avenir alors pour nous ? Le dessein de Dieu de faire partager son existence à l'humanité commence d'advenir en ce point. C'est pourquoi, d'ailleurs, le mystère pascal du Christ peut être envisagé comme la fin (la finalité) de l'histoire advenant par anticipation de la fin (chronologique) de cette histoire. Le temps de l'Église, de la Résurrection-Ascension-Pentecôte jusqu'à la Parousie, est le temps donné par grâce comme tâche à la liberté ainsi relevée.

Tout don de Dieu est tâche, comme toute vocation ou amour d'élection est mission. Ce qui advient respecte Dieu et respecte l'homme. Il y a l'éternel et il y a le devenir. L'Éternel est pour notre temps avenir, notre avenir a pour terme l'Éternel. Et c'est maintenant. À l'Ascension, la contemplation porte cette fois sur l'humanité cachée en Dieu. Ce que nous serons n'est pas encore paru, comme dit saint Paul. Cependant, l'inimaginable est effectif : nous ne pouvons plus envisager la joie, la vie du Dieu éternel et trine, sans envisager en elle, cachée et pleine d'avenir, notre humanité qui a été assumée par le Fils. Impossible de penser à Dieu sans saisir aussitôt qu'il s'est lié à jamais à ce que nous devenons, à ce que nous sommes en train de devenir, qui le soucie et lui tient aux entrailles, pour sa gloire et notre salut, pour la transfiguration acheminant à un monde neuf, dans l'assomption du positif et la lutte contre la mal et son néant.

Nous ne manquons pas de repères dans le temps présent, qui est le temps de l'Église, pour signifier, en actes et en effet, le salut du monde qui advient comme don et tâche. Ces repères sont la Parole de Dieu et le sacrement. La structure de mémorial du sacrement et la structure quasi sacramentelle de la Parole de Dieu nous permettent d'expérimenter, même si le langage peine à en rendre compte, l'aspect caché du mystère qui se révèle dans le présent comme une autre mémoire de l'avenir. Croyants, nous avons, à partir du Christ — et c'est maintenant, au présent —, de quoi envisager autrement l'avenir, dans la grâce d'une liberté qui nous est donnée comme tâche, dans un Souffle qui dépasse ce qui ne serait qu'à la mesure de nos forces.

Dans la manducation de la Parole en Église, nous est donnée la présence cachée de Celui dont nous ne pouvons parler comme appartenant à un passé aboli, ni comme ayant arrêté le temps de l'homme. Dans le baptême et la confirmation, dans l'eucharistie, nous est donnée mystérieusement et effectivement, en signe, la présence dont la mémoire est pour nous présence et avenir, jusqu'à la fin. C'est dans la configuration à ce que nous proclamons et célébrons, à la double table de la Parole et du Pain, en étant responsables du signe partagé, pour donner corps et visibilité au Royaume qui vient dans le monde de ce temps, que nous pouvons parler comme il faut de la présence-absence de ce Seigneur qui nous ouvre un avenir, qui est, à la fois déjà et pas encore, don et tâche, grâce et liberté.

Le présent est présence

JEAN-FRANÇOIS ET LILIANE VÉZIN *

La richesse de chaque instant est source de contemplation : le présent est Présence, présence de Dieu.

Vivre l'instant présent ne peut se réduire à la mise en œuvre d'un procédé pratique consistant à limiter l'attention à ce qui se fait sur le moment. Il est certes important de ne pas se laisser encombrer par le poids du passé ou les soucis de l'avenir, mais cette démarche ne permet un véritable épanouissement que si elle ne se limite pas à des préceptes négatifs (ne pas penser au passé, au futur). Pour s'épanouir, l'homme a besoin de trouver le sens de ce qu'il fait, un sens positif qui met en valeur une raison profonde. Sinon, le risque est grand d'une application

* Maîtres de conférences à l'université Paris-VIII (sciences de l'éducation et psychologie). Texte extrait de *Quand le présent devient Présence*, collectif, coll. « Psychologie et Foi », éd. de l'Emmanuel.

volontariste (et donc superficielle) de stratagèmes qui n'apportent pas de réelle paix en profondeur.

La paix intérieure est une paix intériorisée ; elle est la conséquence d'un regard sur l'essentiel ; vivre le moment présent, c'est ouvrir les yeux du cœur à une autre dimension ; à chaque instant, heureux ou triste, quelle qu'en soit l'efficacité apparente et les remous ou les envolées, il est toujours possible de regarder, plus en profondeur, une Présence qui murmure « amour ». C'est cet amour, lumière sur le vécu, qui apporte la paix, la joie, l'émerveillement : « Seigneur, chacun de ces instants est si beau et je ne le voyais pas... Chacun de ces instants est déjà un instant d'éternité et je n'en faisais qu'un passage emprunté les yeux fermés... » Et l'âme s'écrie alors, comme un enfant émerveillé : « Encore, encore ! » Pour l'éternité. Le temps porte en lui une dimension sacrée. Chaque instant fugitif a valeur d'éternité ; Dieu est présent pleinement en cet instant.

Dans la réalité du présent, tout passé est ainsi appelé à être transfiguré et dépassé sous le regard divin qui l'immerge dans le flot de l'amour ; tout l'avenir ne peut qu'être plongé dans un abandon confiant et joyeux au Père qui aime.

La guérison intérieure est guérison de l'homme dans son unité profonde ; vivre l'instant présent libère l'esprit pour la contemplation, le psychisme pour l'écoute, le corps pour l'éveil sensoriel et conduit à la louange : libération des convoitises du corps, du psychisme et de l'esprit, regard sur l'essentiel. *J'ai tout, mais je veux ce que je n'ai pas... !*

« Dieu dit à Adam et Ève : "Je vous donne toutes les herbes portant semence qui sont sur toute la surface de la terre et tous les arbres qui ont des fruits portant semence : ce sera votre nourriture" » (Gen. 1, 29). Dieu donne à Adam et Ève ce qui leur est nécessaire. Mais il dit : « Tu peux manger de tous les arbres du jardin. Mais de l'arbre de la connaissance du bien et du mal tu ne mangeras pas, car le jour où tu en mangeras, tu deviendras passible de mort » (Gen. 2, 16-17). Le don de Dieu est infini : « Tu peux manger tous les arbres du jardin. » Mais Dieu rappelle à sa créature qu'elle est créature, que seul son Créateur sait ce qui est bon pour elle. Or la tentation apparaît et le fruit de l'arbre défendu devient indispensable.

De génération en génération, ce péché originel a entraîné des attitudes identiques. Ce que nous ne possédons pas et que nous pourrions posséder nous paraît si désirable que ne pas le posséder devient intolérable. Et ce que nous possédons nous paraît indispensable au point qu'en être privé est aussi intolérable. Nous nous constituons juges de ce qui nous est indispensable pour vivre.

Les biens matériels

Ce que chacun possède, les biens auxquels il est attaché, sont multiples. Ce qui en fait la valeur ne se mesure pas de façon objective mais subjective. La fortune d'un homme est ce à quoi il est attaché. Cela peut être une somme d'argent importante ou une toute petite pièce de monnaie. Cela peut être d'immenses biens immobiliers ou un petit bout de terrain. Cela peut être une collection prestigieuse de livres, une garde-robe somptueuse ou un seul livre, un seul vêtement. Si je suis attaché à un livre au point que je ne puis le prêter, à un vêtement au point que je ne supporte pas une maladresse qui le détériore, ce livre ou ce vêtement est ma richesse que je considère indispensable à ma vie, que je préfère à l'amour ; et je ressens sa perte comme intolérable.

La seule véritable valeur est l'amour. L'amour est un feu qui consume toute fausse valeur, purifie, transforme, embellit. Saint François d'Assise se méfiait de tout ce qui pouvait devenir une richesse, une possession qui fasse obstacle à l'amour de Dieu et du prochain : « Durant un carême, il avait occupé ses moments de loisirs, même les plus courts, à fabriquer un coffret afin de ne laisser échapper aucune miette de son temps. Or, un jour, pendant qu'il récitait Tierce, la vision empêcha son âme d'accéder à la ferveur. La voix de son cœur avait cessé de monter jusqu'à Dieu, et il en était très affligé ; à la fin de Tierce, il dit aux frères qui l'entouraient : "Hélas, ce bibelot a eu sur moi tant d'emprise qu'il s'est accaparé toute mon attention. J'en fais le sacrifice au Seigneur dont il a interrompu le sacrifice de louange." Il saisit le coffret et le jeta au feu [1]. »

Jésus dit à ses disciples lorsque le jeune homme riche s'en alla contristé : « En vérité je vous le dis, il sera difficile à un riche d'entrer dans le Royaume des cieux» (Mat. 19, 23).

Les biens du corps

Dieu a pourvu à notre nourriture (Gen. 1, 29), aux soins de notre corps (Ez. 47, 12 ; Ap. 22, 2). Nous avons besoin de nourriture, de soins pour notre santé, de sommeil (Ps. 127, 2). Mais comme il nous est difficile d'évaluer l'indispensable dans ce domaine aussi, cela devient vite souci, inquiétude, voire tourments. Jésus dit à ses disciples : « Ne vous inquiétez pas pour votre vie de ce que vous mangerez ni pour votre corps de quoi vous le vêtirez. Car la vie est plus que la nourriture et le corps plus que le vêtement [...] Ne vous tourmentez pas car ce sont là toutes choses dont votre Père sait que vous avez besoin. Aussi bien cherchez son Royaume et cela vous sera donné par surcroît» (Luc 12, 22 ; 29-31).

Les biens psychologiques

La recherche de satisfactions psychologiques comme le souci d'être considéré par les autres ou la recherche d'un certain pouvoir peuvent absorber une partie importante du temps, devenir une préoccupation majeure qui envahit le psychisme. Peu importe que cette recherche de considération ou de pouvoir soit celle d'un homme dont l'influence est internationale ou qu'elle soit celle d'une personne vis-à-vis de ses proches : elle est recherche de soi à travers une richesse psychologique considérée comme indispensable. Elle est regard sur soi alors que l'amour est regard sur l'autre. C'est ce qu'avait compris sainte Thérèse de l'Enfant-Jésus à l'occasion d'un petit incident au Carmel : « C'était pendant une récréation, la portière sonne deux coups, il fallait ouvrir la grande porte aux ouvriers pour faire entrer les arbres destinés à la crèche. La récréation n'était pas gaie car vous n'étiez pas là, ma Mère chérie, aussi je pensais que si l'on m'envoyait servir de tierce, je serais bien contente ; justement, mère Sous-Prieure me dit d'aller en servir ou bien la sœur qui se trouvait à côté de moi ; aussitôt je commence à défaire notre tablier, mais assez doucement pour que ma compagne ait quitté le sien avant moi car je pensais lui faire plaisir en la laissant être tierce. La sœur qui remplaçait la dépositaire nous regardait en riant, et voyant que je m'étais levée la dernière, elle me dit : “Ah ! j'avais bien pensé que ce n'était pas vous qui alliez gagner une perle à votre couronne, vous alliez trop lentement...” Bien certainement, toute la communauté crut que j'avais agi par nature et je ne saurais dire combien une aussi petite chose me fit de bien à l'âme et me rendit indulgente pour les faiblesses des autres. Cela m'empêche aussi d'avoir de la vanité lorsque je suis jugée favorablement car je me dis ceci : puisqu'on prend mes petits actes de vertu pour des imperfections, on peut tout aussi bien se tromper en prenant pour vertu ce qui n'est qu'imperfection. Alors je dis avec saint Paul : "Je me mets fort peu en peine d'être jugée par aucun tribunal humain. Je ne me juge pas moi-même, Celui qui me juge c'est le Seigneur" » (I Cor. 3-4)[2].

Les biens spirituels

Pour ce qui est des biens spirituels, tout particulièrement, nous pourrions penser : « Dans ce cas, nous pouvons laisser s'assouvir notre désir de possession car il s'agit de la vraie richesse. » Eh bien non ! Même cette richesse, lorsqu'elle est tenue comme un bien propre, est recherche de soi : je possède mes biens spirituels, ils sont miens, ils sont indispensables à ma vie telle que je l'ai définie... Or seul Dieu est indispensable, seul l'Amour est absolu. Le reste n'est là que pour y mener, y compris les biens spirituels.

Lorsque tel bien spirituel devient indispensable à ma vie, lorsqu'il devient un but et non un moyen, il peut remplacer Dieu. Ce bien spirituel peut être une vie érémitique dans un désert ou simplement l'habitude de prendre quelques minutes par jour de recueillement ; il peut être une vie ascétique ou une petite privation. Le jour où cette habitude devient mon bien propre, le jour où elle est à moi, me justifie, le jour où je me considère comme un juste à cause de cela, alors le moyen est devenu une fin, le marchepied est devenu un siège, dans lequel je m'installe confortablement, soucieux de préserver mon bien...

Ainsi, saint François d'Assise a été amené à

demander à des frères de son ordre de cesser certaines mortifications qui, en les épuisant, empêchaient une vie spirituelle saine : « On dit à saint François que des frères portaient le cilice sur leurs chairs et des cercles de fer, et que beaucoup en tombaient malades, et que quelques-uns en mouraient, et que beaucoup en étaient empêchés de prier. C'est pourquoi saint François, en père très discret, commanda, au nom de la sainte obéissance, que quiconque portait un cilice le retirât[3]. »

« Le bon père adressait des reproches aux frères trop durs pour eux-mêmes et qui s'épuisaient à force de veilles, de jeûnes et de mortifications corporelles[4]. »

Le diagnostic : l'inquiétude

Établir un diagnostic de ce désir de possession de biens temporels ou spirituels est simple. Deux symptômes : l'inquiétude et la fermeture sur soi pour préserver son bien propre.

Cela peut être un bien matériel : un vêtement, un livre, un meuble, un vase, un jouet... Ma propriété.

Cela peut être un bien physiologique : ma santé, mon sommeil, ma nourriture, mon corps... Mon corps.

Cela peut être un bien psychologique : une offense qui m'a blessé, une parole qui nuit à ma réputation, une responsabilité donnée à un autre, ma générosité ou ma virtuosité qui n'ont pas été remarquées... Ma réputation.

Cela peut être un bien spirituel : ma prière, mon don, ma compassion, mon évangélisation, mon auréole... Mon auréole, bien à moi.

Je peux m'apercevoir que je suis envahi par un désir de possession lorsque je suis inquiet : j'ai peur de perdre. Je me protège, je protège les biens que je considère comme indispensables. Je dépense une énergie considérable pour les protéger...

Le chemin

C'est lorsque je n'ai plus rien que j'ai tout : l'Amour. Cela ne signifie pas forcément donner tous ses biens aux pauvres, vivre en ermite, prier plusieurs heures par jour... Cela signifie que chaque instant de ma vie n'est pas ma propriété, n'est pas l'occasion de me réaliser, de satisfaire mes convoitises dans un regard centré sur moi. Si je me regarde, si je suis centré sur mes richesses, je suis inquiet car incapable de leur donner la seule dimension à laquelle j'aspire profondément : l'éternité, l'infini. Seul Dieu peut me faire accéder à cette dimension si je ne garde rien pour moi, si je lui donne tout sans condition, si j'expose tout à son amour, dans l'abandon à sa volonté.

L'instant présent, avec toutes ses richesses temporelles et spirituelles, est au service de Dieu qui est Amour. Être au service de Dieu, c'est être transfiguré par l'amour. L'important n'est pas de donner ou de garder ses biens, de vivre en ermite, ou en famille, ou en communauté, de prier quelque temps ou plusieurs heures. L'important est l'amour qui conduit à donner ou à garder, à vivre seul ou avec d'autres, à prier plus ou moins longtemps.

Au-delà de l'acte, il faut s'attacher à l'intention profonde : si je donne tous mes biens aux pauvres, est-ce pour eux, par compassion, ou pour moi, pour prouver ma sainteté ? Si je garde mes biens, est-ce le résultat d'une convoitise, d'un désir de possession ou un appel à gérer ces biens dans une participation à la création, dans l'amour et l'abandon ?

« Quand je parlerais les langues des hommes et des anges, si je n'ai pas la charité, je ne suis plus qu'airain qui sonne ou cymbale qui retentit. Quand j'aurais le don de prophétie et que je connaîtrais tous les mystères et toute la science, quand j'aurais la plénitude de la foi, une foi à transporter ces montagnes, si je n'ai pas la charité, je ne suis rien. Quand je distribuerais tous mes biens en aumône, quand je livrerais mon corps aux flammes, si je n'ai pas la charité, cela ne me sert de rien. La charité est longanime, la charité est serviable, elle n'est pas envieuse ; la charité ne fanfaronne pas, ne se gonfle pas ; elle ne fait rien d'inconvenant, ne cherche pas son intérêt, ne s'irrite pas, ne tient pas compte du mal ; elle ne se réjouit pas de l'injustice, mais elle met sa joie dans la vérité. Elle excuse tout, croit tout, espère tout, supporte tout » (I Cor. 13, 1-7).

Dieu est Amour. Il est un feu qui embrase dès qu'on s'approche de Lui ; l'Amour rend notre cœur brûlant : « Les pèlerins d'Emmaüs se dirent l'un à l'autre : "Notre cœur n'était-il pas tout brûlant au-dedans de nous quand il nous parlait en chemin, quand il nous expliquait les Écritures ?" » (Luc 24, 32). Dieu est la Lumière qui illumine tout. Il se rencontre dans l'instant présent car l'instant présent est Présence de Dieu.

S'ouvrir à l'Amour

« Nul d'entre nous ne vit pour soi-même comme nul ne meurt pour soi-même. Si nous vivons, nous vivons pour le Seigneur et si nous mourons, nous mourons pour le Seigneur. Donc dans la vie comme dans la mort nous appartenons au Seigneur » (Rom. 14, 7-8).

Offrir l'instant présent, c'est l'ouvrir à l'Amour : qu'est-ce qui est le plus important ? Tel bien matériel, corporel, physiologique, psychologique ? Ou l'amour que je vis à travers eux ?

Ce bien auquel je tiens, auquel je me suis partiellement identifié, je te l'offre pour que tu le transfigures, que tu me fasses voir Ton amour. Même mes défaillances, mes fautes, mes erreurs, je te les offre ; transfigure-les pour que l'humiliation, le repentir, les efforts qu'elles entraînent soient l'occasion d'une victoire de l'amour.

L'offrande suppose l'abandon, et de s'accepter créature, comme un petit enfant qui attend tout de ses parents. Dieu peut permettre des richesses matérielles, une santé florissante, la considération de l'entourage, une prière dont les fruits sont sensibles : tout cela au service de l'amour. Il peut aussi permettre au service de l'amour une pauvreté radicale, une santé déplorable, un rejet de l'entourage, une prière sèche... Tout cela a une valeur dans la communion des saints. Tout prend un sens merveilleux dans la communion des saints et la vie la plus misérable en apparence vécue au sein d'une offrande d'amour devient semence de vie dans le corps mystique du Christ. Sainte Thérèse de l'Enfant-Jésus a connu des prières sans consolation : « Je ne puis pas dire que j'ai souvent reçu des consolations pendant mes actions de grâces, c'est peut-être le moment où j'en ai eu le moins... Je trouve cela tout naturel puisque je me suis offerte à Jésus non comme une personne qui désire recevoir sa visite pour sa propre consolation mais, au contraire, pour le plaisir de Celui qui se donne à moi. Je me figure mon âme comme un terrain libre et je prie la Sainte Vierge d'ôter les décombres qui pourraient l'empêcher d'être libre, ensuite je la supplie de dresser elle-même une vaste tente digne du ciel, de l'orner de ses propres parures et puis j'invite tous les saints et tous les anges à venir faire un magnifique concert. Il me semble, lorsque Jésus descend dans mon cœur, qu'il est content de se trouver si bien reçu et moi je suis contente aussi... Tout cela n'empêche pas les distractions et le sommeil de venir me visiter, mais au sortir de l'action de grâces, voyant que je l'ai si mal faite, je prends la résolution d'être tout le reste de la journée en action de grâces... Vous voyez ma mère chérie que je suis loin d'être conduite par la voie de la crainte, je sais toujours trouver le moyen d'être heureuse et de profiter de mes misères[5]. »

Le véritable don de Dieu n'est pas la richesse ou la pauvreté, la santé ou la maladie, la considération ou le rejet, la vie spirituelle sensible ou aride ; le véritable don de Dieu est l'amour.

Ainsi, l'offrande à l'amour n'est pas le refus des biens temporels ou spirituels. Au contraire, elle est recherche incessante de ces biens. Mais ces biens sont accueillis comme un don gratuit et non comme un dû. Ils sont recherchés et en même temps offerts. Ils sont occasion de louange et non de convoitise. L'âme fait tout ce qu'elle peut pour les avoir, mais ne fait pas de cette obtention une nécessité absolue. Elle les recherche parce qu'ils sont des biens, mais n'en fait pas des idoles. Elle accepte d'en être privée comme signe que Dieu seul suffit. Mais elle les possède avec joie comme signe de la Jérusalem céleste où Dieu comblera sa créature de biens et où, l'Amour ayant triomphé, ces biens ne seront plus occasion de convoitise mais de louange.

Ce chemin de l'amour n'est pas dépossession de soi-même, mais décentration de soi par un dépassement où tout le vécu est transfiguré par la lumière divine. Il ne s'agit pas de vivre l'instant présent à la force du poignet mais de se laisser atteindre, traverser, pénétrer par la lumière de Dieu qui peu à peu enlève toute notre opacité et nous inonde de la lumière de sa Résurrection. Au sein du Mystère pascal, par Sa Croix et Sa Gloire il a fait pénétrer Sa Lumière jusqu'aux racines les plus profondes de notre vécu quotidien, quel qu'il soit. Désormais, chaque instant est habité par Sa Gloire et nous sommes restaurés, recréés, réunifiés dans notre dignité d'être créés à « son image et à sa ressemblance » (Gen. 1, 26). Notre cheminement vers cette ressemblance passe par la réception de la lumière divine.

Vivre l'instant présent, c'est rendre grâce pour cet amour que Dieu appelle à vivre dès cet instant, c'est contempler la beauté de cet amour, c'est être attiré par cet amour, se laisser imprégner par lui pour que cet instant devienne amour et s'ouvre à l'éternité. C'est à cet Amour miséricordieux que sainte Thérèse de l'Enfant-Jésus s'est offerte le 9 juin 1899, offrande qu'elle veut renouveler à chaque instant : « Je veux, ô mon Bien-Aimé, à chaque battement de mon cœur vous renouveler cette offrande un nombre infini de fois jusqu'à ce que les ombres déclinent et qu'alors je puisse vous redire mon Amour dans un Face-à-Face éternel...[6] ! »

La joie de l'instant présent

« Pousse des cris de joie, fille de Sion ! Une clameur d'allégresse, Israël ! Réjouis-toi, triomphe de tout ton cœur, fille de Jérusalem ! Le Seigneur a levé la sentence qui pesait sur toi ; il a détourné ton ennemi. Le

Seigneur est roi d'Israël au milieu de toi. Tu n'as plus de malheur à craindre. Ce jour-là on dira à Jérusalem : Sois sans crainte, Sion. Que tes mains ne défaillent pas ! Le Seigneur ton Dieu est au milieu de toi, héros sauveur. Il exultera pour toi de joie, il te renouvellera par son amour. Il dansera pour toi avec des cris de joie, comme aux jours de fête » (Soph. 3, 14-18).

Lorsque l'âme a tout offert, elle ressent une libération, une légèreté, une disponibilité qui ouvrent son regard sur des réalités qu'elle n'avait pas perçues jusque-là. Elle découvre qu'elle possède des richesses infinies car tout devient richesse. De même qu'un rayon de soleil transforme une goutte d'eau en perle aux mille reflets, de même elle voit le reflet de l'amour de Dieu dans toute la création ; tout est transfiguré par cette lumière. Comment pourrait-elle alors se préoccuper de ce qui lui manque ? Son regard est fasciné par la Beauté, par l'Amour dont les rayons illuminent tout ce qui l'entoure. L'âme est transportée par une louange, prémices de l'éternité ; elle n'a plus qu'un souci : celui d'entrer dans le concert des créatures louant leur Créateur, en y jouant la partition qui lui est réservée. « Seigneur qu'en ce moment je fasse ta volonté ; cela suffit. »

Vivre l'instant présent, c'est vivre profondément dans la confiance : saisir les perles si nombreuses en cet instant et les offrir en action de grâces au Seigneur ; se laisser saisir par l'émerveillement sans cesse croissant devant le don infini de notre Créateur ; tout devient occasion de louange :

> « Très-Haut, tout puissant, bon Seigneur, à toi sont les louanges, la gloire et l'honneur, et toute bénédiction. À toi seul, Très-Haut, ils conviennent, et nul homme n'est digne de te nommer.
>
> Loué sois-tu, mon Seigneur, avec toutes créatures, spécialement messire frère soleil, qui est le jour, et par lui tu nous illumines. Et il est beau et rayonnant avec grande splendeur, de toi, Très-Haut, il porte le signe.
>
> Loué sois-tu, mon Seigneur, pour sœur lune et les étoiles, dans le ciel tu les as formées claires, précieuses et belles.
>
> Loué sois-tu, mon Seigneur, pour frère vent, et pour l'air et le nuage et le ciel serein et tous les temps, par lesquels à tes créatures tu donnes soutien.
>
> Loué sois-tu, mon Seigneur, pour sœur eau, qui est très utile et humble, et précieuse et chaste.
>
> Loué sois-tu, mon Seigneur, pour frère feu, par lequel tu illumines la nuit, et il est beau et joyeux, et robuste et fort.
>
> Loué sois-tu, mon Seigneur, pour sœur notre mère la terre, qui nous soutient et nous gouverne, et produit divers fruits avec les fleurs colorées et l'herbe.
>
> Loué sois-tu, mon Seigneur, pour ceux qui pardonnent par amour pour toi et supportent maladies et tribulations. Heureux ceux qui les suppor-

teront en paix car par toi, Très-Haut, il seront couronnés.

Loué sois-tu, mon Seigneur, pour sœur notre mort corporelle à qui nul homme vivant ne peut échapper.

Malheur à ceux qui mourront dans les péchés mortels, heureux ceux qu'elle trouvera dans tes très saintes volontés. Car la seconde mort ne leur fera pas mal.

Louez et bénissez mon Seigneur, et rendez-lui grâces et servez-le avec grande humilité[7]. »

Cette louange s'épanouit en une exultation à la vision des merveilles que fait le Seigneur pour ses créatures. C'est le Magnificat de Marie :

« Mon âme exalte le Seigneur et mon esprit tressaille de joie en Dieu mon sauveur,

Parce qu'il a jeté les yeux sur l'abaissement de sa servante.

Oui, désormais toutes les générations me diront bienheureuse,

Car le Tout-Puissant a fait pour moi de grandes choses.

Saint est son nom,

Sa miséricorde s'étend d'âge en âge sur ceux qui le craignent.

Il a déployé la force de son bras, Il a dispersé les hommes au cœur superbe.

Il a renversé les potentats de leur trône et élevé

les humbles, il a comblé de biens les affamés et renvoyé les riches les mains vides.

Il est venu en aide à Israël, son serviteur, se souvenant de sa miséricorde — selon qu'il l'avait annoncé à nos pères — en faveur d'Abraham et de sa postérité à jamais!» (Luc 1, 46-56).

1. Saint François d'Assise, *Cantique de frère soleil*, écrits, Le Cerf et Éditions franciscaines, 1981, p. 343.

2. Sainte Thérèse de l'Enfant-Jésus, *Histoire d'une âme*, Le Cerf et DDB, 1987, chap. X, manuscrit C, folio 13, pp. 253-254.

3. *Fioretti de saint François*, Le Seuil, 1953, chap. 18, p. 58.

4. *La Légende des trois Compagnons*, p. 59.

5. Sainte Thérèse de l'Enfant-Jésus, *op. cit.*, chap. 8, manuscrit A, folio 80, p. 196.

6. Descouvemont et Losse, *Sainte Thérèse de Lisieux*, Le Cerf, 1991, p. 239.

7. Saint François d'Assise, *op. cit.*, p. 343.

Être parmi les vivants

La responsabilité de l'homme face à Dieu

RENCONTRE AVEC MONSEIGNEUR GERMAIN *

Dans la Tradition, et en tout cas pour moi, la Présence c'est la réalité des vivants. Qu'il s'agisse de Dieu considéré comme vivant ou de l'homme considéré comme vivant, ou encore de toute la nature visible et invisible, le propos consiste à évaluer la présence des êtres du monde visible, celle des êtres du monde invisible et, au-delà, la présence divine : l'incréé.

Il y a beaucoup à dire en ce domaine et je ne sais comment y introduire une ordonnance. La Présence se cache sous une expression fréquemment employée dans l'Écriture sainte et dans la liturgie des chrétiens : « la Gloire ». On peut parler de la gloire de l'homme et de la Gloire de Dieu, de leurs relations réciproques. La Présence est l'un des caractères de la Gloire. La plénitude de la Présence exprime vraiment cette Gloire et l'expérience qu'on peut en faire.

---

* Évêque orthodoxe.

Lorsque Moïse est monté au Sinaï, il a entendu ces mots : « Peux-tu voir la Gloire de Dieu et rester vivant ? » (Exode 33, 20). La Présence divine est liée à ce phénomène de la Gloire et tous nos mystères en portent le reflet.

Essayons d'approfondir le sujet et abordons-le directement. Nous, chrétiens, vivons en héritiers du judaïsme, c'est-à-dire dans la relation de deux présences : celle de la créature synthétisée — en l'occurrence par le peuple d'Israël — et celle de Dieu. À partir de là, l'Histoire est une démonstration de Dieu qui se révèle et de l'homme qui se présente, autant qu'il peut et tel qu'il est, devant la Face divine.

Le fruit par excellence de la Tradition hébraïque est la Présence de Dieu dans l'univers et dans l'histoire. Nous nommons l'aboutissement de cet événement historique « l'Incarnation du Verbe ». Dieu est venu. Il s'est présenté parmi nous et nous avons vu Sa Gloire autant qu'on pouvait la supporter. Tel est le Christ : Dieu avec nous et parmi nous. Et il est venu faire la démonstration de la manière dont Dieu pense, et en même temps ouvrir le sceau de la Présence divine au sein de l'univers et de l'histoire des hommes. Le christianisme ouvre ce premier sceau. Le deuxième sceau, issu directement du précédent, s'ouvre à la fin de la démonstration faite par le Christ de la manière dont Dieu pense. Ce chapitre distinct est celui de la communication aux hommes de la Présence divine.

On découvre ainsi deux mystères (ou sacrements) : successivement la Présence de Dieu dans l'humanité et la présence des hommes au sein de la Divinité. Cette dernière présence est articulée par l'Esprit-Saint de Dieu. Irénée de Lyon, disciple de saint Jean l'Évangéliste par saint Polycarpe de Smyrne (IIe siècle), donne une formulation directe et exceptionnelle de ces événements. Par le Christ, dit-il, Dieu vient s'habituer à vivre parmi les hommes, et dans l'Esprit l'homme s'habitue à vivre avec Dieu, à faire l'expérience de Son intimité ! Ces deux mouvements se croisent, se suivent dans l'Histoire et se fortifient mutuellement.

Le mystère est centré sur l'articulation des deux présences l'une par rapport à l'autre. Il est très remarquable d'expérimenter que la Présence divine procure à l'homme une joie incomparable, extrêmement puissante, qui se conforme à la capacité de chacun.

La Présence provoque ce que nous appelons « action de grâce ». La grâce, l'expérience de cette Présence, advient, et l'homme réagit par une sorte d'émotion du cœur et de l'esprit. Une personnalité tout autre qu'humaine, divine, établit progressivement Sa relation avec la personne de l'homme. Cette relation est synergétique. Chacun, et Dieu et l'homme, se rend « capable » de l'autre.

Que dire alors ? Sinon que Dieu cherche l'homme et que l'homme cherche Dieu. Une histoire d'amour naît entre eux, illustrée au-delà des mots par le Cantique des Cantiques. Le Cantique établit le rapport de deux présences, celle de Dieu et celle de l'homme. Étant tout à fait différents et distincts, ils se recherchent mutuellement. Ces deux présences ne s'opposent pas. Elles ne sont pas contradictoires.

Et pourtant, lorsqu'on discerne les manifestations de Présence divine dans l'Ancien Testament et le Nouveau Testament, on voit bien que la Présence totale de Dieu ne laisse aucune place pour un autre. Lorsque Dieu est totalement présent, il n'y a de place que pour Lui-même.

Comment se fait-il, cependant, qu'il puisse y avoir, et qu'il y ait, une autre possibilité de présence que celle de Dieu ?

Parce que Dieu « s'évide », si on ose une telle image, pour laisser place à autre que Lui-même. Cet « évidement » est, me semble-t-il, le sens même du Shabbat. En langage plus simple, c'est une contraction divine, et c'est probablement aussi le big-bang des agnostiques et de certains physiciens. Tout homme traduit en sa langue le fait initial de l'écartement divin qui permet l'engendrement de l'univers visible et invisible. On a parlé d'« histoire d'amour » ! S'il est vrai qu'aimer soit ici en jeu, alors Dieu a besoin de l'homme et l'homme a besoin de Dieu, mais ce besoin ne comporte aucune ombre de nécessité. L'amour ne connaît pas la nécessité.

La question de l'approche

Il n'y a pas de commune mesure entre l'homme et Dieu. L'homme est créé, Dieu est incréé. Toute la destinée de l'homme prend ici son sens prodigieux, dans la relation entre lui et Celui qui n'a pas de mesure, le Seigneur Dieu. On peut alors comprendre qu'il y ait une « approche » de l'homme par Dieu et une « approche » de Dieu par l'homme. Ces deux approches sont nécessairement lentes, sinon elles entraîneraient de graves illusions pour l'homme. Les mesurer exige un grand effort de discernement ; voici une manière de les décrire.

Un peu par expérience et surtout par révélation, on établit une distinction nette entre la nature et la personne, entre la Nature divine et la Personne divine, entre la nature humaine et la personne humaine. Cette distinction démontre qu'on peut approcher personnellement quelqu'un, que l'approche personnelle est une chose simple, mais que la communication avec la nature divine ou humaine exige de faire très attention.

La présence de la Personne divine est une chose et la présence de la Nature divine en est une autre. Ces deux présences sont distinctes. Certes, ceci est complexe.

Si le Christ en venant dans le monde avait exprimé Sa Nature divine sans retenue, le monde n'aurait pas pu la contenir. Il a voilé, diminué, la présence naturelle de la Divinité et il s'est présenté personnellement. Il a pu ainsi s'approcher des hommes avec simplicité. Lorsqu'il dévoila Sa Divinité, comme au mont Thabor au jour de la Transfiguration, les Apôtres ont été projetés à terre — non qu'ils fussent brutalisés ou violentés, mais ils étaient incapables de supporter la Nature divine de Celui qu'ils côtoyaient tous les jours. Ceci rappelle le grand prêtre du

Temple de Jérusalem, qui ne pouvait entrer dans le Saint des Saints lorsque la Gloire divine le remplissait. En le remplissant, la Gloire se révélait être plus ferme qu'un mur.

La Présence de la Nature divine, ou humaine, pose une question, car cette présence est grave, à la manière du poids d'une pierre lourde. On peut limiter le degré de gravité ou, au contraire, l'étendre. La Présence de la Nature divine se communique ainsi selon la capacité des interlocuteurs. Et lorsque cela deviendra possible, la plénitude de la Présence équivaudra à la plénitude de l'Amour.

S'agit-il d'être réceptacle ?

Il y a deux réponses à cette question. Il faut certainement devenir réceptacle, mais il faut en même temps que l'homme devienne ce qu'il est. Un objet n'aime pas. Et pour pouvoir aimer, pour être présent, il est nécessaire de devenir ce qu'on l'est. Le vrai réceptacle est un être humain en plénitude. L'homme chemine sur deux voies simultanées : devenir ce qu'il est, et recevoir la Présence divine. L'homme est un Temple de la Présence.

Peut-on devenir ce que l'on est dans le mystère de Dieu sans en être conscient ?

Au commencement de la vie, on peut effectivement devenir ce que l'on est avec une certaine inconscience. Mais l'inconscience ne doit pas durer trop longtemps. Elle n'est pas un bon motif et peut faire tomber dans des états extrêmes. Un moine du

VIe siècle, Maxime le Confesseur, disait qu'un saint est un homme qui n'a plus d'inconscient. La sainteté est une qualité de la Présence divine vraie aussi bien dans le visible que dans l'invisible. Dans les visions des prophètes d'Israël et dans l'expérience de quelques-uns, on entend le chant du Trisagion : « Saint, Saint, Saint. » Cette sainteté est la caractéristique de la Présence divine, et tout homme qui l'éprouve s'exprimera comme le monde angélique en chantant le Trois fois Saint. Complétons le propos précédent sur l'approche.

L'approche s'articule sur deux registres. Il peut y avoir présence de la personne divine et pas obligatoirement présence de la Divinité. De la même manière, il peut y avoir présence de la personne humaine et retrait ou voile sur la nature humaine. Ces deux registres de personne et de nature sont vécus ensemble, mais ils sont tels que la présence de la personne est une chose et que celle de la nature en est une autre. Remarquons à titre d'exemple qu'on peut être sensible à la Divinité ou à l'humanité et nullement aux Personnes divines ou aux personnes humaines. On peut également poser la question de la personne distinctement de la question de la nature (ou de l'Être, pour ceux qui sont sensibles à cette notion souvent ambiguë).

Un exemple évangélique éclairera ceci. Une femme malade voit passer le Christ et touche le bas de son manteau. Une puissance sort du Christ qui interroge : « Qui m'a touché ? » et la femme guérit instantanément (Marc 5, 31). Ce n'est pas la présence de la personne du Christ qui intéressait la femme mais la présence de la Divinité. En passant, la Nature divine, par son énergie, guérissait. La femme s'est mise dans le rayonnement de la Présence, tandis que d'autres gens abordaient le Christ non par le rayonnement de Sa présence mais face à face, par la personne.

Le mystère de la présence

Les mystères sont faits pour être sondés, sans quoi ils ne sont pas des mystères, et ils nous fécondent. C'est pour cela même que nous présentons cette recherche très délicate, en essayant de surmonter la difficulté présentée par les degrés si divers de présence des êtres.

Revenons à la question de la personne et de la nature. Un ami, moine hindou de l'ordre de Ramakrishna, né au ciel récemment, se disait souvent être essentiellement préoccupé par la Divinité et par l'expérience qu'on peut en faire. La grande tradition des Indes, le *Vedanta*, forme des artistes de l'expérience de la Présence de la Divinité. La recherche de noms plus ou moins personnels à donner à Dieu n'intéresse guère ces hindous. Certes, ils accordent volontiers à Dieu une multitude de noms mais qui, cependant, ne sont pas destinés à dévoiler une Personne, mais à permettre l'approche de la Nature divine. La Personne à laquelle on s'adresse en lui disant « toi » ne concerne pas cette tradition.

Or on peut expérimenter l'énergie divine, recevoir la grâce, sonder la puissance, faire des expériences extrêmement fortes d'une présence énergétique et découvrir, à l'intérieur même de cette expérience, une autre Présence à laquelle on ne peut s'adresser autrement qu'en lui disant : « Toi ! » Cette découverte n'est pas de caractère énergétique mais elle est l'expérimentation de la Présence de « Quelqu'un ».

Un événement capital est de déceler l'approche de l'« Autre », Sa visite, Son Nom. Le créé et l'incréé sont peuplés de personnes. S'il y a Quelqu'un, alors il peut y avoir dialogue. Tout le monde peut découvrir la présence personnelle incluse dans l'expérience du divin ou de l'humain. Toute puissance, toute énergie, toute « nature », suppose une personne, nommée ou non nommée, connue ou non.

Faisons une expérience avec les êtres humains. On peut en effet subir l'influence d'un homme et connaître la force de ses qualités. Cet homme peut communiquer une révélation si son verbe est juste et s'il recèle une certaine puissance. L'exemple de l'orateur doué qui influence une foule est bien connu. L'orateur parle et remporte le succès. On arrive après la conférence et on demande à ceux qui ont écouté :

« Comment était-ce ?

– Merveilleux !

– Qu'a-t-il dit ?

– Je ne sais pas, mais c'était admirable ! »

Autrement dit, il s'est produit une sorte de communication énergétique puissante qui n'a pourtant pas dévoilé la présence de quelqu'un.

Résumons ce propos. Deux types de présence apparaissent clairement : l'une est « énergétique » et l'autre « personnelle ». Le mystère de la Présence est articulé, me semble-t-il, sur ces deux registres.

L'Église

L'Église du Christ joue deux rôles : expérimenter Dieu et permettre Sa Présence « en plénitude ». Pour expérimenter Dieu, on ne peut procéder de manière globale. En effet, nous vivons dans le temps et dans l'espace. Il faut donc ouvrir à cette expérience et le temps et l'espace où Dieu Se présente à l'homme et où l'homme se présente à Dieu. La relation de Dieu avec l'homme et de l'homme avec Dieu n'est ni duelle ni conflictuelle. Elle est synergétique. Elle comporte un rythme, une respiration. Dans cette respiration, Dieu et l'homme, bien qu'inégaux (« Qu'est-ce que l'homme pour que Tu Te souviennes de lui ! », Psaumes 8, 5), vivent un rapport d'égalité. S'il n'y avait pas une telle égalité, la Présence divine deviendrait tyrannique et la présence humaine serait de seconde zone.

L'histoire des relations entre Dieu et l'homme est une suite de rencontres où l'un et l'autre se présentent. On y perçoit un jeu sublime et quelquefois tragique quand Dieu ne supporte parfois plus la présence humaine et quand l'homme ne supporte pas non plus la Présence divine. Cette chose étrange se révèle alors au cours de l'histoire : aussitôt la création effectuée, Dieu ne veut plus être considéré comme Créateur mais comme quelqu'un qui pourra être aimé. Cette révélation est la chose la plus violente qu'on puisse exprimer.

On a souvent posé chez les chrétiens et chez les juifs, aussi, me semble-t-il, un Créateur strict ou une sorte de paternité divine structurée qui impose et qui s'impose. Ceci est totalement faux. Dieu donne la vie. Il ne s'impose pas et propose d'entretenir avec les hommes des relations de vivants.

Un jour, j'eus à ce propos une discussion avec un ami talmudiste. Nous parlions du premier chapitre du Livre de la Genèse où il est dit des choses très étranges. Par exemple : « Dans le principe, Dieu créa les cieux et la terre. La terre était informe et vide » et : « L'Esprit de Dieu couvait les eaux » ! L'Esprit couvait les eaux comme une poule couve ses poussins, le mouvement des ailes exerçant une sorte de ventilation. Il serait mieux de dire que l'Esprit « couvetait » les eaux. Que représentent ces eaux ? Il n'y a pas encore de création concrète, pas d'eau avec laquelle on puisse nommer les mers. Il n'y a pas d'eau « d'en haut », ni d'eau « d'en bas », car il n'y a ni haut ni bas. Il n'y a rien encore, sinon ces eaux que couve l'Esprit. Ces eaux sont le « désir d'être ». Tel est le paradoxe : par elles, Dieu propose à Sa créature d'apparaître. Il lui dit : « Si tu le veux, tu seras ! » Avant l'être, Dieu dépose le désir d'être. Ceci est prodigieux et fort difficile à exprimer. À partir de là, le Verbe de Dieu, le Verbe créateur, inscrira la réponse dans la création qui a répondu à la proposition et prononcé un *amen* initial. Il inscrit la réponse dans les éléments de l'univers, faisant que ce qui est potentiel devienne réel. Telle est l'œuvre du Christ : de procurer l'être, le mouvement de la vie à ce qui est potentiel, de permettre à la créature, à l'homme, d'évoluer, de connaître progressivement l'amour de Dieu.

Le Christ met un sceau sur ces mystères, sceau exprimé dans la suite du récit de la Genèse par ces expressions : « Dieu dit » et « Cela fut ».

Présence et absence

Nous ne savons et ne connaissons pas grand-chose. On tâtonne beaucoup et on prononce nombre de mots. Le contenu échappe souvent. La question de présence-absence est tout à fait expérimentale. Comment en parler ? Elle est le reflet de ce qui a été dit plus haut. Le mystère de la présence, de Dieu ou de l'homme, est articulé sur deux registres de présence, l'énergétique et la personnelle. La première est palpable, la seconde est impalpable et ressemble à une absence.

On ne peut accéder à la Présence divine sans expérimenter ce double registre de la communication des énergies divines et de la Présence personnelle de Dieu, présence totalement impalpable et pourtant « là » ! Dans la communication des énergies, on découvre ce que dit un psaume du roi David : « Dans Ta lumière [énergie] nous verrons la lumière [Toi,

Ta personne] » (Psaumes 36, 10). Il se peut donc qu'on expérimente une présence très forte, très universaliste, comme par exemple celle d'un océan. L'océan est en effet envahissant, il pénètre partout, couvre tout. Les eaux physiques et les eaux de la grâce sont identiques en ce qu'elles envahissent, remplissent, pénètrent.

En même temps que cette plénitude de la présence des eaux, des énergies divines, l'expérience montre qu'on peut se trouver devant le vide. Il vient une absence en même temps qu'une présence et ceci peut procurer une grande souffrance. On expérimente ainsi au même moment la lumière divine, la puissance divine, et on s'en détache pour trouver, à l'intérieur, une Personne (là : synonyme de l'absence). Quelqu'un à qui on dira « toi ». Sans cette double expérience de présence et d'absence, c'est l'envahissement qui gagne. Et cet envahissement de la grâce peut sembler magnifique, procurer l'extase ou parfois, au-delà d'une limite, la folie.

Disons-le autrement. Je connais un homme qui fait souvent une expérience désastreuse et cruciale. Il approche de Dieu, et la Présence divine se fait sentir pour lui dans la prière et le rituel, dans la liturgie et la contemplation, et dans le vrai silence. Au moment où la Présence se déclare palpablement, au moment où il se dit : « Voilà, Dieu est présent », à ce moment, comme dans le Cantique des Cantiques, Dieu s'absente. Alors cet homme souffre et se dit : « Il est passé. » La présence-absence est pédagogique, ascétique, même. Elle dit : « Je suis revenue vers toi. Je m'en vais, maintenant, pour que tu m'approches librement!» Cette expérience montre que l'être humain est complexe et qu'il apprendra la liberté, c'est-à-dire à dégager sa personne, à la distinguer absolument de la nature commune à tous, à la connaître.

Ouvrons l'Évangile pour apprendre ce que peut être la «personne» humaine. Le Christ envoie les apôtres en mission, deux par deux (Luc 10, 1-12 et 17-20). Il leur dit de ne s'encombrer de rien, de demeurer là où ils sont reçus et de quitter les lieux où on les refuse. Au retour de cette mission, Il leur dit :

«Que faisiez-vous ?

— Nous chassions les démons, répondent-ils.

— Effectivement, dit le Christ, je voyais Satan tomber des cieux comme une colonne de feu, mais il y a mieux pour vous réjouir que la chute des esprits : réjouissez-vous de ce que vos noms sont inscrits dans les cieux!»

Les noms inscrits dans les cieux sont ceux de chacun des êtres humains prononcés par le Créateur dès l'origine. Ces noms sont à découvrir et ils sont ceux mêmes de la personnalité unique de tout homme. Les relations de Dieu avec l'homme et de l'homme avec Dieu ouvrent la révélation de la personne qui est unique absolument. Le nom de chacun n'est pas un nom divin, mais un nom prononcé dans le silence et donné à chaque homme. Le nom est révélé à ceux qui parviennent au cœur de la vie, c'est-à-dire à la plénitude de présence en face de Dieu qui réside dans les cieux.

Une fort belle légende talmudique raconte l'iconographie de cette nomination unique de chacun, montrant que chaque être humain est personnel. On y voit Adam qui s'éveille, sortant des mains divines (le Verbe et l'Esprit) qui le modèlent et, en s'éveillant, il voit et connaît les milliards d'êtres humains dans son sein. Chacun a son nom, son caractère unique, celui que le Christ présente comme inscrit dans les cieux.

Il est très important, on le sait, pour un homme qui recherche la Présence divine de découvrir un Nom divin. La Tradition hébraïque nous a transmis de nombreux Noms divins qui sont tous des éléments de Sa Présence. L'un des grands Noms est *El Shaddai*. Le plus grand d'entre eux, lancé maintenant dans l'Histoire, est le nom de Jésus. Ces noms divins étant prononcés dans l'univers, l'homme doit à son tour être prononcé dans le monde. Il doit connaître lui aussi son nom personnel. La découverte de soi est à ce prix.

Une fois encore et pour résumer, le mystère de la présence est antinomique. Il allie la connaissance du nom unique ou nom propre de quelqu'un, à l'expérimentation de la nature une. Tout comme les Trois Personnes divines ont en commun la Nature divine, de même les milliards de personnes humaines ont en commun la nature humaine.

Il n'y a pas de définition de la présence. S'agissant de l'homme, disons pourtant que cet être humain, fait de matière corporelle et d'esprit, devient présent, réellement présent, lorsque le corporel et le spirituel en lui sont totalement unis, entièrement vécus par chacun, tandis que, simultanément à cette communion, chaque homme reçoit et connaît son « nom » qui le distingue absolument de tout autre homme. Vivre cette antinomie entre la nature une et la personne unique dégage en nous l'image de Dieu.

Une question et une réponse donnent un aperçu sur la présence :

« Qui ou qu'est-ce qui aime ? Est-ce l'amour ?

— Non. L'amour n'aime pas. Les personnes aiment. »

La Présence dans l'eucharistie

L'eucharistie est un point central, nodal, un point de rencontre entre la Présence divine et les hommes. Le « sentiment de Présence » déclenche en effet la louange, la joie, l'action de grâces. C'est cela, l'eucharistie : la reconnaissance mutuelle, l'action dans laquelle on voit Dieu Se présenter à l'homme de manière plus ou moins voilée, plus ou moins forte. Et cette Présence produit « quelque chose » dans la nature humaine, quelque chose qui peut être la joie, l'étonnement, la stupéfaction, la crainte, la prière... ou le silence !

Peut-on parler de la présence féminine de Dieu ?

Quand on transporte en Dieu la question du masculin et du féminin, on fait toujours de la mauvaise métaphysique et une théologie fausse. Il est intéressant, pourtant, de noter une chose qui tient à la langue. La langue française donne à Dieu des noms masculins dès qu'on essaye de s'approcher de Lui hors du contexte de la vie et de l'existence, en élevant le regard vers Lui, quand on sort de soi pour le rechercher : Saint, Fort, Immortel, Dieu, Verbe, Esprit... Par contre, elle donne à l'activité divine vis-à-vis de la création et de l'humanité des noms féminins : Sagesse, Puissance, Beauté, Miséricorde, Justice... On entre ici dans une contemplation délicate que l'on peut aborder par l'Écriture sainte, dans le Livre de la Genèse (les trois premiers chapitres).

Dans le cheminement proposé originellement par Dieu à l'homme, il est dit à ce dernier, en transposant le langage : « Occupe-toi des animaux et Moi, Dieu, je m'occuperai de toi ! » Dieu fait alors défiler les animaux devant l'homme qui leur donne à tous un nom. L'homme pose ainsi un acte créateur. Après cela, le récit de la Genèse continue et Dieu dit : « Il n'est pas bon que l'homme soit seul ! » On constate ainsi que l'homme se retrouve solitaire et qu'il ne s'est finalement pas intéressé à aimer les animaux. Il a bien voulu participer à la création, il a créé, mais il n'a pas forgé de relations d'amitié progressive avec la créature inférieure à lui. En langage psychologique, Dieu se trouve alors un peu déçu et n'envisage pas non plus d'avoir avec l'homme les relations que ce dernier ne veut pas avoir avec le reste de la création, d'aller vers l'amour réciproque ! Ainsi, en disant qu'il n'est pas bon que l'homme demeure seul, Dieu produit un décalage dans l'être de l'homme faisant paraître les hommes-mâles et les « hommesses-femelles ».

On s'aperçoit, chose étrange, qu'il y a transport auprès de cette créature dissociée en mâles et femelles du caractère originellement prévu pour les relations entre Dieu et l'homme. À l'homme-mâle est transmise l'attitude divine vis-à-vis de la création et à l'hommesse-femelle est transmise l'attitude de la création vis-à-vis de Dieu. Les relations entre l'homme et la femme seront dès lors porteuses de ces caractères, de même les relations entre l'humanité au sens large et la création inférieure. De ce fait — que certains auteurs appellent la « deuxième Genèse » —, même si on n'a pas l'expérience de la Présence divine, on peut retrouver perpétuellement au sein de l'humanité les caractères de la Présence de Dieu et connaître, à travers les relations de l'homme et de la femme, le mode des rapports entre le Créateur et la créature. Il n'y a pas de présence masculine ou féminine de Dieu. Il y a chez l'homme-mâle un comportement vis-à-vis de la femme semblable à celui de Dieu vis-à-vis de la création, et il y a chez l'hommesse-femelle un comportement vis-à-vis de l'homme semblable à celui de la création vis-à-vis de Dieu.

Il n'y a donc pas de différence entre l'homme et la femme ni du point de vue ontologique (avant la deuxième Genèse) ni du point de vue du destin (l'achèvement du parcours historique). Cependant, au cours de l'Histoire, entre la naissance et le temps de la transformation du monde — ce temps où chaque être humain retrouvera sa plénitude d'être à la fois mâle et femelle — le décalage entre homme-mâle et hommesse-femelle sera toujours porteur du projet divin, l'histoire sera mise en mouvement par le déséquilibre dans la nature humaine. En ce temps de l'Histoire, l'homme et la femme auront toujours deux fonctions distinctes en correspondance avec le décalage vivifiant de la « deuxième Genèse » où Dieu met dans l'homme une capacité divine vis-à-vis de la création, et dans la femme une capacité humaine vis-à-vis du Créateur.

Ceci se retrouve dans l'Église du Christ à tous les niveaux. Dans ce cadre, peut-on, par exemple, donner la fonction sacerdotale à la femme ? Si on renonce à l'accomplissement du destin, donc à la réalité de l'amour entre Dieu et l'homme comme entre l'homme et la création, la réponse est probablement « oui » ! Mais si on regarde profondément, si on envisage le plan divin pour l'humanité, si les relations entre l'homme et la femme sont vraiment analogiques aux relations entre Dieu et la créature, comme entre le Christ et l'Église, alors il faut bien se garder de donner les mêmes fonctions à l'homme et à la femme.

La différence des fonctions attribuées à l'homme et à la femme, différence issue du décalage mis par Dieu au sein de l'humanité, produit le déséquilibre dans l'univers et emmène ce monde vers l'accomplissement de son destin. Sans cela, menons la vie « horizontalement », donnons à tous les mêmes fonctions, prolongeons indéfiniment la suite des générations, perfectionnons sans fin l'existence humaine, coupons-nous de l'ontologie et renonçons au destin selon Dieu. Dès lors, il n'y aura plus irruption du divin dans le monde ni du monde en Dieu. Alors il ne sera plus question de Présence divine, ni de présence humaine, mais seulement de société, d'économie et, de temps en temps, de sanglants holocaustes et de tremblements de terre.

La présence du Démon ?

Le diable est réel et vivant. Ni abstraction ni pensée, il est un personnage parasite de l'univers dont l'action consiste à semer la confusion et la séparation pour imposer sa présence. Il se présente en miroir de Dieu et du divin, il Le grimace, il Le singe à son bénéfice. Il n'invente rien, sauf la division dont il porte le nom : « diabolique », signifiant celui qui lance les choses ou les êtres loin les uns des autres, de telle sorte qu'ils ne se retrouvent jamais ensemble. Le monde, par contre, est symbolique « par construction ». Le symbole signifie que les êtres et les choses se rendent mutuellement témoignage, allant au-devant les uns des autres, « jetés ensemble » librement.

La présence démoniaque doit être progressivement éliminée. Cette élimination est difficile car, parasite de la création visible, le démon s'y adapte, s'y cache et en tire sa substance.

La prière dominicale, le « Notre-Père », informe qu'il sera éliminé en dernier. Il convient en effet de ne pas donner trop d'importance à la présence démoniaque, sachant simplement qu'elle est là et qu'elle s'insinue dans le jeu entre Dieu et l'homme, le jeu de la présence-absence dont il a été question précédemment. Les esprits « sous ciel » se mettent fréquemment dans le rayonnement divin (le soleil luit sur les bons et les mauvais, cf. Matthieu 5, 45), entre le divin et l'humain. En ce cas ils se font séducteurs. On les voit dans une lumière originelle, comme empreints de la lumière divine. Leurs démonstrations attirent. C'est la fin qui les dévoilera. Ajoutons que les « esprits » sont tout comme l'homme en évolution. Les esprits démoniaques évoluent comme écrans et les esprits angéliques en transparence de la présence divine.

L'exigence de la Présence

Le mystère de la présence, comme on le disait au début, oblige à « devenir soi-même » d'une part, et à poser la présence de l'autre, par ailleurs.

L'un des drames de la civilisation est qu'elle ne pose pas la question de l'anthropologie, la question de la présence de l'homme à lui-même. L'homme entre alors dans une solitude redoutable. Les sociétés dans lesquelles nous vivons depuis plusieurs centaines d'années ont rejeté, chassé Dieu. Et l'homme est devenu seul. Nos sociétés sont déboussolées, démunies de valeurs fiables. Une vague surgit alors, à laquelle on a donné un nom aussi vague que la vague : le Nouvel Âge, qui me paraît venir tout droit de la nostalgie de sortir de la solitude et du désir de trouver d'autres présences.

Beaucoup de gens sont purs. J'en connais bon nombre et j'y ai des amis. Citons, parmi eux, cet homme doué et puissant que fut Steiner, qui donna naissance à l'anthroposophie. On trouve dans cet enseignement des remèdes et une grande vitalité. Et tout à coup, on y discerne un enfermement de l'homme sur lui-même. Pourquoi ? Le milieu révèle des capacités humaines immenses et, en effet, l'être humain possède des capacités prodigieuses. À cette mesure même des aptitudes humaines, la Présence divine s'estompe progressivement, elle n'est plus nécessaire !

L'homme ne peut échapper ni à lui-même ni à Dieu.

À bien regarder le judaïsme et le christianisme, on éprouve le sentiment suivant : le premier a rendu la Divinité plus présente auprès de l'humanité et le second a rendu l'humanité plus présente auprès de Dieu. Une formule synthétique de ce mystère nous a été donnée par la Tradition patristique (les Pères de l'Église) : « Dieu est devenu Homme pour que l'homme devienne Dieu. »

La tension initiale d'Israël est de préparer la Présence divine au sein de l'univers. Cette tension est maintenue dans le monde par Israël, qui vit encore de son élection. Le peuple juif a permis l'Incarnation du Verbe, la Présence de Dieu parmi les hommes. On peut appeler ce peuple pris dans son entier « le peuple mère de Dieu », mère de Dieu quant à Son humanité.

Le christianisme est l'autre versant. Sa tension est de faire naître chaque homme à la Vie divine. Dans l'Église, par l'Esprit-Saint, les hommes apprennent à vivre avec Dieu et en Dieu. L'Église est « la mère de l'humanité », mère de l'humanité quant à sa vie divine.

Quant à l'islam, la perspective est autre. Un soir, en Belgique, je dînais avec un personnage de l'islam sunnite, un gardien du livre (le Coran). Cet homme intelligent avait un parler franc, direct et quelque peu guerrier. Voulant savoir ce qu'il pensait des chrétiens, je le poussai à s'exprimer et, subitement, il dit :

« Vous les chrétiens, vous avez un mot à la bouche qui, par rapport à Dieu, ne s'applique pas ; qu'est-ce donc que ce mot ?

— L'amour ! répondis-je.

— Effectivement, c'est bien cela ; lorsque vous dites par exemple "aimer Dieu", cette expression n'a aucune signification. (Qu'est-ce qui veut dire quelque chose en un tel domaine ? me demandai-je.)

— Dieu ? reprit-il, on peut lui être reconnaissant ! »

En entendant ce propos, je me dis que je venais de comprendre intellectuellement l'islam. Il me revint en effet que saint Basile le Grand, évêque au IVe siècle, disait qu'il était possible de classer les hommes selon trois types :

• L'esclave ! (Que devient l'esclave ? Il est utilisé et lorsqu'il n'est plus bon à rien, il est rejeté comme on fait pour la pulpe d'un fruit pressé.)

• Le serviteur ! (Le serviteur passe contrat avec son maître. Son travail est de préserver, maintenir, et accroître, même, l'œuvre qui lui est confiée. Il est « reconnaissant » au maître de lui procurer le gîte, le couvert. « Aimer » son maître n'est pas prévu dans le contrat.)

• Le fils ! (L'héritier. Son travail consiste parfois à dilapider l'héritage de son père.)

Ainsi, lorsque mon interlocuteur eut dit que l'homme est « reconnaissant » envers Dieu, il avait très bien défini le caractère de l'islam par rapport à Dieu : reconnaissance pour tout ! D'où vient à l'islam ce caractère de *serviteur* de Dieu ? De ce que son inspiration vient des anges. L'islam est une religion de révélation angélique. L'ancêtre Ismaël, en effet, a reçu la visite de l'ange au désert. Mahomet également reçut l'ange. Or, que pense l'ange sur Dieu et de Dieu ? Qu'Il est transcendant absolument. Pour les anges, la transcendance divine est absolue. Comme l'ange est par définition Serviteur de Dieu, le propos de mon interlocuteur musulman était lumineux. Il pensait sur Dieu exactement ce que l'ange avait transmis.

Pour le juif, ce qui compte est le rapport historique entre le peuple et Dieu. Il dépasse la problématique du serviteur sans arriver encore à celle du fils. Le chrétien également dépasse cette problématique puisque Dieu, pour lui aussi transcendant, S'est pourtant révélé et manifesté, faisant preuve d'une immanence conjointe à Sa transcendance. De cette antinomie vient la capacité pour l'homme de devenir fils de Dieu, d'être « déifié ».

La logique de l'islam est de révéler à la création la présence du monde angélique et de protéger l'absence de Dieu de toute souillure par la créature. L'islam procure aux siens le spirituel, le « noétique », l'esprit. Tous ces « esprits » sont absolument éloignés de l'Esprit de Dieu — il y a un abîme infranchissable entre l'Esprit et les esprits. Si l'homme se tient devant la transcendance divine, il ne peut avoir avec Dieu, au mieux, que des relations de serviteur à maître. On trouve d'ailleurs concrètement dans tout l'islam un sentiment de reconnaissance vis-à-vis de Dieu transcendant. Tous les problèmes de l'islam sont liés à cette transcendance.

Le judaïsme et le christianisme professent aussi la transcendance divine. Cependant, tous les deux, le juif et le chrétien, connaissent aussi l'immanence de Dieu : Dieu totalement transcendant veut être connu ! L'autonomie active du juif dans l'Histoire, mêlé aux différentes nations, son caractère révolutionnaire, viennent de ce qu'il porte dans ses entrailles l'antinomie de la transcendance et de l'immanence. Le chrétien complète ceci en expérimentant que Dieu transcendant par essence est également immanent par action. Toute l'œuvre du Créateur est apte à faire cette expérience.

Si Jérusalem est un lieu de Présence, l'univers entier peut le devenir. On peut lire l'Histoire, à Jérusalem, car l'Histoire se fait dans les lieux et selon les peuples. Cependant, Jérusalem n'a jamais été un centre privilégié pour le christianisme. Il n'y a pas de centre pour la Présence : l'univers entier, visible et invisible, est Son lieu.

Deviens le coquelicot

Présences réelles, inaccessibles et incarnées

RENCONTRE AVEC JEAN-YVES LELOUP *

Quel lien entre YHWH, « Celui qui Est », l'Innommable, l'Ineffable et sa *Shekhinah,* sa Présence, sa Manifestation ? Dans la tradition chrétienne, on retrouve cette question chez Grégoire Palamas lorsqu'il distingue d'une part l'essence de Dieu incompréhensible, dont on ne peut rien dire — l'abîme du Père, abîme de l'Origine, « l'Origine qui manque » —, et d'autre part l'origine qui se manifeste — ce qui se donne à la fois à penser, à goûter, à vivre, à aimer. Palamas parle alors des énergies divines, « l'incréé dans sa création » : Sa présence ou Ses « présences réelles ».

Grégoire Palamas fait la différence entre l'essence et l'énergie. Le domaine de la Présence, c'est le domaine de l'énergie. Dieu se fait présent par son énergie, l'Être se rend présent par son énergie, et les deux grands rayons de la divinité innommable,

* Propos recueillis par Sophie Pierron-Rigal.

selons les Anciens, ce sont le Fils et l'Esprit. Le Fils, « Emmanuel », « Dieu avec nous », un des Noms de la Présence ; « Dieu avec nous », Dieu qui se rend proche, l'incarnation, la manifestation. L'Esprit-Saint, c'est « nous avec Dieu ». Il y a donc deux modes de Présence : l'Être qui se donne, et notre réponse à l'Être qui se donne.

Les qualités de présence

Il serait intéressant et nécessaire de se poser la question des différents modes de présence de l'Être — Dieu avec nous, Emmanuel. Il est d'abord présent sous le mode du cosmos, dans la nature. Il y a le mode de présence du minéral — une pierre, c'est terriblement présent, et l'appréhension de la présence dans une pierre peut être un lieu d'illumination mystique. Je pense à Teilhard de Chardin à qui sa première expérience de la Présence arrive justement en tenant dans la main un morceau de minerai, quelque chose qui se manifeste, qui est avec nous ; il pressent « ce qui est au-delà de ce qui est avec nous », il touche de l'intangible, l'origine de ce qui est. Dans le monde minéral, il y a ce mode de « présence réelle ». Pour moi, la matière est un mode de présence réelle de la réalité, de l'unique réalité, d'un mode de présence de l'Être ; dans l'être minéral, l'Être est Présent.

Dans le végétal, il y a un mode de présence tout aussi réel. À côté du « poids » de la présence minérale, il y a la présence d'une « orientation ». Ce qui étonne, dans le végétal, c'est l'orientation vers la lumière qui le nourrit et qui fonde ses racines. Je me souviens de cette pratique de méditation proposée par le père Séraphin au mont Athos[1] : après m'avoir demandé de prier comme une montagne, d'entrer dans la présence du minéral, il m'avait demandé de prier comme un coquelicot. Prier, méditer comme un coquelicot, c'est être d'abord une colonne vertébrale, la tige qui est reliée à la terre et qui monte irrésistiblement vers le ciel. La présence de l'Être dans le végétal, c'est la présence d'une orientation, une orientation vers la lumière — les oliviers de Provence font des détours, mais montent toujours vers la lumière. Notre être, notre corps en tant que minéral et végétal peut appréhender, goûter quelque chose de cette présence. Quand je méditais comme un coquelicot, je retrouvais à la fois mes racines et mon élan vers le ciel, vers la lumière. L'homme se nourrit de lumière, et nous avons tous une plante sous les pieds. Nous avons besoin d'air, de lumière, et il est important de « prendre soin de l'Être » dans le monde végétal que nous sommes.

Puis il y a la présence de l'Être dans le monde animal. J'ai pas mal d'amis « bêtes ». Ce sont de vrais amis, des parents, des frères, des sœurs et il y a une différence de qualité de présence entre eux, le minéral et le végétal. J'ai des amis roses ou arbres. Même s'ils se fanent, même s'ils passent, ce sont de bons amis particulièrement fidèles. Mais chez l'animal, il y a quelque chose d'autre, il y a la présence d'un être intelligent. Dans la plante, il y a une intelligence qui fleurit, qui s'exprime ainsi. Chez l'animal, il y a une intelligence qui aboie, qui crie, qui parle presque. C'est une intelligence qui a une tête, des yeux. Un regard ? Dans le regard d'un enfant, d'une personne humaine, il y a quelque chose d'autre et, parfois, moins que dans le regard d'un chien ! Chez certains êtres humains, il y a un regard de pierre, qui vous lapide, et on sent bien alors que leur présence n'a pas émergé du matériel, du minéral, et qu'il n'est même pas au niveau animal. Rencontrer chez une personne une certaine qualité animale, une qualité de pulsion intelligente qui vous reconnaît, c'est déjà bien. Chez un animal il y a une reconnaissance.

Ainsi, il y a un nouveau mode, une nouvelle qualité de présence : celui de l'intelligence. Il y a une information avec laquelle je peux entrer en dialogue, que je peux aussi, d'une certaine façon, éduquer à un certain type de rapport qui fera croire à certains que l'homme n'est rien de plus qu'un animal intelligent. La publicité, par exemple, s'adresse à l'animal intelligent en nous ; on le dresse, on lui fait produire un certain nombre de réactions. À Los Angeles, dans notre département de psychologie, on pouvait apprendre à un singe à taper à la machine tout à fait intelligemment. Nous avons connu quelques difficultés lorsqu'il a fallu lui apprendre à peindre. Il y avait cependant un jeune chimpanzé qui était très doué, qui avait des élans. La différence, c'est que l'artiste peut porter un jugement sur ce qu'il fait, tandis que le singe, avec son intelligence intéressée (par la banane qui était au bout), ne le peut pas. S'il peut être stimulé intelligemment pour produire un certain nombre d'effets, on ne peut pas demander au singe si ce qu'il vient de faire lui plaît, de porter une estimation consciente.

Dans la pierre, l'Être est présent ; dans le végétal, il est vivant ; dans l'animal, il est intelligent. Ce que je vais rencontrer chez l'être humain, c'est un autre mode de présence de l'Être ; l'homme est conscient de lui-même, il peut poser un acte et une estimation sur ce qu'il est en train de faire. Je ne crois pas que l'homme soit un singe nu et il est tout aussi ridicule de dire que l'animal est une plante qui aboie. Il y a une continuité, c'est toujours de la présence — la présence de l'Être —, mais avec un saut qualitatif, une nouvelle qualité de présence.

Où situer la présence d'un organisme de télésurveillance ? C'est une intelligence artificielle qui s'inspire pour une grande part de l'intelligence animale. Beaucoup de gens qui travaillent dans l'informatique s'intéressent au comportement des animaux — particulièrement des rats. Pour construire des robots, on s'inspire du comportement animal. Il y a une continuité du réflexe, du « stimulus réponse ». L'intelligence artificielle, la cybernétique, de quel type de présence s'agit-il ? En tout cas, ce n'est pas une intelligence humaine, car il manque la conscience. Ce que je ne trouverai pas chez le chimpanzé, je ne le trouverai pas non plus chez l'ordinateur. De la même façon, je peux être surveillé, observé, mais l'appareil vidéo ne portera pas de jugement sur la qualité de mon être ; il faut bien reconnaître ce passage à un autre niveau de la « présence humaine ».

Dans le domaine de la psychologie, « même dans les instituts transpersonnels », on veut « mesurer » — et je ne parle pas ici des quotients intellectuels. Invités dans un laboratoire de l'UCLA, la question de notre patron était : « Quelle est la meilleure méditation du monde ? » Il y avait des représentants de toutes les religions. Il y avait un moine zen, j'étais le chrétien de service. Il y avait aussi un pasteur, un rabbin, des Tibétains. Et même un athée pratiquant une méthode de méditation transcendentale. Il s'agissait de faire le vide, d'entrer dans le silence. On nous a tous mis des électro-encéphalogrammes, et l'on pouvait « mesurer » ainsi notre méditation. Le leurre et l'erreur, c'était de vouloir en « mesurer la qualité » — et ceci avec des instruments qui ne peuvent enregistrer que de la quantité. Je peux vous dire que le premier était quand même le moine zen — les ondes alpha venaient en effet assez vite —, et le dernier, le tout dernier, était le rabbin. Je me rappelle avoir dit à ce psychologue, un docteur en psychologie : « Vous mesurez ce qui n'est pas mesurable. » Pour le rabbin, la méditation c'est « discuter » avec Dieu. C'est lui « crier dessus », comme Job qui n'est pas content de ce qui se passe, de l'injustice, etc. La prière du rabbin ne va pas produire des ondes alpha puisqu'elle est faite d'émotions, et il entretient une intimité profonde avec Dieu à travers elles. On ne peut pas mesurer la qualité d'une présence avec des instruments quantitatifs. Ce que l'on peut mesurer, ce sont les effets d'un certain nombre d'ondes, mais pas la qualité de l'être. Dans ce laboratoire, on voulait de même mesurer l'amour : on sait que quand on est amoureux, un certain nombre d'indices sont donnés dans notre urine ; cependant, on n'y lira pas la qualité de notre amour ! On peut être fortement amoureux mais d'un amour terriblement superficiel, de même qu'on peut être dans un sentiment amoureux, je dirai non exprimé, mais la qualité de l'être ou de l'engagement peut être très profond. On ne mesure pas la qualité d'une présence.

La présence humaine est quelque chose de très précieux, d'assez rare. C'est une présence qui est conscience, conscience de soi. C'est une intelligence, mais une intelligence capable de se penser elle-même. C'est non seulement le cerveau dont parle Jean-Pierre Changeux, mais aussi l'intelligence capable de penser le cerveau. Nous ne sommes pas des ordinateurs ; dans notre cerveau, il y a une pensée qui est capable d'avoir une image de l'instrument dont nous nous servons pour penser. Il y a donc une « autre » qualité de présence.

Les présences spirituelles

Nous nous approchons ici de la qualité des « présences spirituelles ». Il y a la présence matérielle, la présence de la vie, la présence de l'intelligence, la présence de la conscience ; là, on entre dans la présence des « esprits ». Ce sont des mots difficiles à employer.

Il faut y entrer par l'expérience. Il s'agit toujours d'expérimenter certains types de présence qui, à certains moments, nous enveloppent, nous clarifient. Des intelligences qui éclairent notre propre intelligence et qui ne sont pas produites par notre propre cerveau. Intelligences angéliques ?

C'est un autre mode de présence. Si l'on parle du domaine des anges, il faudra là aussi être précis, et voir dans la tradition juive comme dans la tradition chrétienne comment se distinguent différents niveaux de présence. Entre le monde humain et le monde matériel, entre la présence humaine et la présence de la matière, il y a ces présences intermédiaires comme l'animal intelligent, comme la plante vivante. Mais entre le monde humain et le plan purement spirituel, purement silencieux, il y a aussi ces plans intermédiaires qu'on peut appeler « plans angéliques ». Henry Corbin parlera d'« imaginal » — pas seulement d'imagination qui peut être produite par un processus de réaction à un environnement. Là, il s'agit de plans de conscience. Prenons par exemple la qualité de présence d'un « chérubin » : dans notre conscience, c'est une qualité d'innocence, c'est pour cela que les artistes les ont représentés enfants avec des petites ailes. C'est une qualité d'innocence et de vision. Chez Carlos Castaneda et le sorcier yaqui qu'il put suivre pendant un temps, il est question de *voir* dans une qualité de présence, qui est une qualité de vision. On voit « ce qui est », avec innocence. Il n'y a plus de projection, plus de mental, même pas d'intelligence. Il y a une vision de ce qui est. Dans la

Tradition, c'est ce qu'on appelle « l'expérience du chérubin de notre être », une présence de clarté, d'innocence, de simplicité. Être chérubin pendant quelques instants, cela simplifie la vie. On voit ce qui est. Rien de plus, rien de moins !

Il y a une autre qualité de présence qui nous visitera davantage au niveau du cœur, les séraphins. Dans la tradition hébraïque comme dans la tradition chrétienne, le séraphin, c'est « le brûlant ». Dans le cœur, il y a la présence d'une brûlure, d'une compassion, d'un amour infini à l'égard de tous les êtres. Je pense à saint François d'Assise : quand il a été visité par le séraphin, il en a eu des « stigmates », une brûlure qui ouvre, qui fait que l'homme est ouvert. Le Christ l'habitait par cet amour brûlant, l'Être se donne à travers lui. Il se donne en « perçant » les portes de la perception, en « perçant » l'humanité. Il existe une présence, une qualité d'amour, de compassion qui peut quelquefois nous visiter. Nous nous trouvons là dans les mondes angéliques, sur lesquels il y aurait beaucoup à dire. Il y a la présence de Gabriel, le Messager. Une « information » nous est donnée, une nouvelle nous est annoncée ; on se demande d'où cela vient, mais on comprend qu'on est guidé. Et quand vos amis vous demandent : « Pourquoi es-tu allé par ici plutôt que par là ? », alors on balbutie, on n'est plus dans le domaine des mots. Mais comme cela fait partie de l'expérience, certains mots peuvent en rendre compte : on peut « sentir » la présence de l'ange — je ne sais comment le dire autrement — qui nous a orienté dans telle ou telle direction. Pour un thérapeute, ceci est important : il y a des choses que l'on ne peut pas dire à quelqu'un, il faut pour cela lui envoyer un ange. Si la personne écoutait avec ses oreilles extérieures, elle ne le supporterait pas, mais cela passera par l'ange. Cela se vérifie : ce qui a été dit intérieurement à cette personne en se confiant à cette qualité de présence va se communiquer. C'est une énergie subtile. Quand on parle du monde des présences, on est toujours dans le monde des énergies. La vitesse la plus lente de ces énergies, c'est la matière. La vitesse un peu plus animée, plus subtile, c'est le végétal, etc. On est toujours dans le monde des énergies subtiles, mais qui se communiquent. Ce sont bien des présences réelles.

Pour le thérapeute, il y a la présence de Raphaël qui veut dire « Dieu guérit ». L'Être se rend présent de façon guérissante, de façon thérapeutique. Raphaël n'est pas celui qui donne des médicaments, mais celui qui accompagne quelqu'un sur le chemin, qui va lui permettre de trouver ses propres remèdes. Dans l'histoire de Tobie et de Sarah, il est très beau de voir comment l'ange Raphaël accompagne Tobie, comment il va découvrir le foie et le fiel dans le poisson des profondeurs (dans l'inconscient), et chercher dans ses profondeurs ce fiel, cette amertume, avec laquelle il va pouvoir guérir, trouver le remède. Raphaël est une qualité de présence qui nous conduit vers la guérison, une guérison que l'on a à découvrir par soi-même. C'est celui qui nous accompagne dans notre chemin vers les profondeurs — et vers le fiel, quelquefois. C'est à partir de cette ombre acceptée, assumée que, peut-être, nous nous transformerons, nous retrouverons la vision, la vue.

Il y a aussi un mode de présence particulier pour chacun : « l'ange gardien » de la Tradition. Je pense à Gita Mallasz et au *Dialogue avec l'ange.* Pour elle, c'est bien l'ange gardien qui est, ici, très proche du maître intérieur. Cette qualité de présence va animer en nous ce que Jung a appellé le Soi. À l'intérieur du *moi,* il y a une image structurante, un lieu de pensée, de présence qui peut être animé par l'ange. Quand on fait appel à son ange, on fait appel à une qualité de conscience, d'intelligence, plus vaste que la nôtre. L'ange, c'est le meilleur du meilleur de soi-même.

L'ange positif, j'en ai parlé, mais il y a aussi l'ange négatif qui est pire que le pire de soi-même. Lorsqu'on parle de présence, on peut penser présence de lumière, présence d'une intelligence, présence de ce qui nous conduit vers une voie de guérison. Mais qui n'a pas été visité par des qualités de présence maléfique ?

Au cœur de la dépression, lorsque nous ressentons l'haleine du néant, le dégoût, l'envie de tuer tout le monde, nous sommes là aussi visités par des esprits, par des présences ; c'est psycho-physique, il y a des effets dans le corps. Cette violence, cette tristesse, ce dégoût qui nous traverse peut en effet se somatiser de différentes façons plus ou moins désagréables.

Il y a donc des présences positives et des présences négatives. Quand on parle du transpersonnel, il faut savoir qu'il ne s'agit pas seulement du transpersonnel positif, mais aussi du transpersonnel diabolique, négatif, destructeur. Dans l'homme, il y a des présences plus méchantes que l'homme. Il y a des êtres dont la violence n'est pas humaine. Un être humain ne peut pas concevoir autant de cruauté, de cruauté intelligente, qui n'est pas une cruauté animale (un animal, une fois nourri, n'est plus cruel). Il y a chez certains hommes une cruauté tout à fait humaine, mais chez certains êtres une cruauté « plus qu'humaine ». On a effectivement l'impression qu'un ange accompagne certains êtres pour les aider à supporter les événements invraisemblables de leur vie. Il y a aussi des êtres dont on sent bien la violence, la violence perverse, terriblement intelligente et qui feront tout pour détruire. Il faut savoir que certains êtres peuvent faire un pacte avec ce type d'intelligence, et être des incarnations, des possessions, de cet esprit mauvais, de cette présence maléfique.

Parlant des présences du minéral, il aurait fallu distinguer la présence du cristal, du charbon. Vous vous souvenez de ce dialogue où Zola dit à Mallarmé : « Vous savez, le diamant ce n'est que du charbon. » Et Mallarmé de répondre : « Oui, tout à fait, mais c'est plus rare. » Ainsi, il est intéressant de voir que dans le monde minéral il y a aussi des plans de présence. Et lorsque je parle du monde angélique, il y a ces plans obscurs du spirituel et ces plans plus lumineux, plus cristallins, plus proches du Christ. Ainsi, pour les chrétiens, il y a là « la présence du Christ ». Qu'est-ce que la présence du Christ, de l'Emmanuel, du cristal, sinon cette présence de la lumière dans le charbon ? Qu'est-ce qu'un diamant, sinon un charbon qui a laissé entrer en lui un peu de lumière ? Qu'est-ce qu'un Christ, sinon quelqu'un qui a reçu l'onction, qui a reçu l'Esprit (*Pneuma*) ? Quelqu'un qui est habité par la présence même de la lumière créatrice et qui l'incarne. La Présence du Christ telle qu'en parle la Tradition, c'est « l'archétype de la synthèse ». C'est-à-dire que l'on peut sentir en nous — et c'est tout à fait différent de la présence angélique — une présence qui active notre pouvoir de synthèse, synthèse entre le matériel et le spirituel, synthèse entre le créé et l'incréé, entre l'éternel et le temps. On est vraiment dans le monde de la présence qui introduit de l'éternité dans du temps ; c'est « l'Instant », l'instant éternel.

Le domaine de la relation

Ainsi, le quotidien, notre matière, notre animalité, ne sont plus des obstacles à la spiritualité, puisqu'ils sont le lieu même de la Présence. Il s'agit de vivre cette expérience de synthèse, de nos « opposés » spirituel et matériel, Dieu et l'homme. Dans la Tradition, on dira que « le Christ est vraiment Dieu et vraiment homme sans confusion ni séparation ». C'est une expérience, une qualité de présence à vivre qui est très précieuse. Dans cette présence du Christ, on peut sentir que Dieu est Dieu, que l'homme est homme, que le créé est créé, qu'il est composé et sera décomposé, que l'infini est infini ; on est en dehors du temps. Il y a cette distinction entre le fini et l'infini, l'éternel et le temps, mais ils ne sont pas séparés. On sort de la dialectique de l'opposition. Si on se laisse habiter par cette présence du Christ, cela aura des incidences sur notre vie de relation où l'on passe quelquefois de la fusion à la séparation. L'expérience amoureuse est plus ou moins fusionnelle et, pour sortir de cette fusion on se sépare ; il y a opposition. Dans certains couples, plus on a aimé quelqu'un, plus on va le détester. Notre mode de relation est souvent fusionnel régressif. Dans l'état amoureux, on régresse, on recherche le sein de la mère, on recherche l'unité avec quelqu'un — cette unité que l'on a connue dans l'utérus —, ou bien on est dans l'opposition, la séparation. Or le monde de la relation, de l'amour, est le monde de l'« alliance ». La Présence d'un Esprit d'alliance, d'une qualité d'amour qui serait celle de l'alliance, ce n'est ni la fusion ni la séparation, c'est la relation.

On s'approche du noyau de la Présence dans ce qu'il a de plus ineffable, on ne peut en parler qu'en termes de paradoxe. C'est pour cela que l'on dit que le Christ est à la fois vraiment Dieu et vraiment homme, sans confusion ni séparation. Mais ce qu'Il est, on ne le sait pas. Car si on reste dans le rationnel, soit il est Dieu, soit il est homme. Soit il est dans le temps, soit il est dans l'éternité. On entre ici dans le paradoxe de l'être humain. C'est vraiment l'archétype de la synthèse ; quand on s'approche de cette qualité-là, on va vivre sa vie comme un paradoxe. Nous ne sommes pas loin des expériences de synchronicité dont nous parle Jung, où l'intérieur ne s'oppose plus à l'extérieur, où l'esprit, la conscience et les événements ne sont pas opposés. On n'oppose plus le divin et l'humain, la matière et l'esprit ; faire la cuisine, être avec des amis, devient aussi « spirituel » qu'être sur un coussin de méditation. On sort de l'opposition. On sort aussi du mélange. Quand je suis sur mon coussin de méditation, je ne suis pas en train de faire la cuisine, c'est différent. Je pense à ce que disait récemment Michel Cazenave : « Faire l'amour, c'est comme célébrer la messe. » Je comprends parfaitement ceci. Faire l'amour peut être un acte sacré dans lequel Dieu est présent. Cependant, en tant que prêtre, je sais que célébrer la messe est autre chose que faire l'amour. Cela ne s'oppose pas puisque Dieu est aussi présent dans l'acte d'une rencontre intime que dans le moment de célébration liturgique : Dieu est aussi présent mais sous des modes différents...!

Je reconnais l'unicité de la Présence et, en même temps, je distingue les modes de la Présence. Le mode de présence d'un animal, ce n'est pas le mode de présence d'un être humain ; le mode de présence d'un nuage qui se défait, c'est autre chose que l'image d'un enfant qui est détruit. Certains diront : « Non, regardez, cet enfant fait partie de la nature. » Je suis bien d'accord, mais un nuage qui se défait, c'est autre chose qu'un enfant qui meurt. Et la présence d'un enfant, c'est autre chose que la présence d'un petit chat. Et ceux qui mélangent, c'est dommage pour eux et pour tous. Quant à ceux qui prennent l'homme pour un singe nu, pour un animal évolué, c'est dommage pour eux, car ils passent à côté du mode propre de la présence humaine. Ils en font une machine intelligente, un cerveau intelligent, ils en font un animal intelligent, mais ils oublient de rencontrer ce mode de présence conscient qui peut échanger non seulement des informations, mais aussi des estimations, des jugements, des émotions. C'est quand même autre chose que le mode de présence d'une pierre, d'une plante, ou d'un animal.

Puisqu'il était question de messe, on peut parler de ce mode de présence particulier — un mode de présence parmi les autres — qu'est la liturgie. Quand le Christ dit par exemple : « Prenez et mangez, Ceci est mon Corps », on parle, dans la théologie chrétienne, de « présence réelle ». La présence réelle de l'Être est aussi « là », dans le « pain partagé ». Ce n'est pas par hasard que le Christ choisit le moment d'un repas, d'un partage de parole, mais aussi de vie quotidienne, de pain et de vin. Dans ce partage, Dieu est présent, l'amour est présent. Lorsqu'on partage un repas, il y a de l'amour qui circule, à condition que l'amour soit présent. Le repas peut donc être un lieu de Présence. Il faut tout de même se rappeler le symbolisme du Pain et du Vin, du Corps et du Sang, quand le Christ dit : « Prenez et mangez, Ceci est mon Corps, Ceci est mon Sang. » Le corps, dans la Tradition ancienne, c'est « la pratique », la mise en chair de l'information. « Prenez le pain, c'est mon corps, mettez en pratique ce que moi-même j'ai pratiqué. Que cela soit votre nourriture. » Le vin et le sang, dans la tradition hébraïque, c'est la contemplation. Il s'agit d'assimiler la pratique, la connaissance et la contemplation du Christ : faites ce que j'ai fait, entrez dans la contemplation qui a été la mienne. Nourrissez-vous de cela. Dans la tradition zen, on dit : « Si vous rencontrez le Bouddha, tuez-le », car vous en ferez un modèle extérieur qui vous empêchera de devenir vous-même. Si vous rencontrez le Christ ? Dans la tradition chrétienne on ne dira pas : « Tuez-le », mais : « Mangez-le », c'est-à-dire arrêtez de faire de lui un être extérieur. Faites-en votre nourriture, votre Vie. Dans la vie spirituelle, comme dans la psychologie, le Soi que l'on projette sur le thérapeute, ou le sur le gourou, il s'agira de comprendre que c'est nous-mêmes. Nous-mêmes non encore « intégrés ».

De la même façon, dans la tradition chrétienne, ce que l'on projette sur le Christ — archétype de la synthèse, du Soi qui unit le matériel et le spirituel, l'homme et Dieu —, il s'agit de ne plus le projeter à l'extérieur, de le manger, d'en faire notre propre vie. Intérioriser la Présence, c'est le rôle même du rituel, notamment eucharistique ; cesser de la projeter à l'extérieur pour en faire notre nourriture afin que le Christ, l'archétype de la synthèse, devienne notre vie et que tout notre quotidien soit « théandrique », comme on dit dans la théologie ancienne, c'est-à-dire à la fois pleinement humain et pleinement divin. Présence théandrique. Ce que je fais est complètement humain et plus c'est humain, plus c'est divin. Ce que je fais est complètement divin et plus c'est « divin », plus c'est « humain ». C'est cela, la Présence du

Christ, assimilée, mangée, intégrée, et c'est à ce moment qu'on entre dans la synthèse.

Il faut aussi se rappeler cette parole du Christ : « Celui qui croit en moi, ce n'est pas en moi qu'il croit, mais en Celui qui m'a envoyé. » Celui qui croit au soleil ne s'arrête pas à la présence des rayons. Nous retrouvons notre image du début. La Présence, c'est le rayonnement de la déité, de l'être divin. Le Fils et l'Esprit sont deux rayons du soleil divin. Celui qui croit en moi, ce n'est pas en moi qu'il croit. Je ne suis que la manifestation, l'incarnation, l'entrée dans l'espace-temps de Celui qui est au-delà de l'espace-temps. Il s'agit de remonter le rayon à sa source. Et la source est « noire ». C'est l'abîme, la présence de l'innommable, de « l'Ouvert » ; c'est aussi une très belle expérience. Cette présence de la Source, du principe même de notre être, ce lieu de silence d'où vient l'inspir et où retourne l'expir, c'est en suivant notre souffle, en allant au bout de notre souffle, à chaque expir, que nous pouvons y entrer. Là, il y a comme un abîme silencieux, ce qui est une bonne métaphore de cette présence abyssale, de ce blanc — plutôt qu'un trou noir, c'est un « trou blanc » dans lequel se résorbe notre conscience. Là, il n'y a plus de conscience, on ne peut donc plus en parler. Mais il y a en nous, de temps en temps, cette présence de l'Ouvert, de l'inconnu, présence de « l'être qui manque » ; ce n'est pas l'être qui rayonne qui se manifeste, ce n'est pas la présence d'un absent, c'est une Présence qui ne se présente pas : elle est là. Ou bien elle se présente comme « inconnue », comme « au-delà ».

Y a-t-il une présence de l'Être dans le mal ? Dieu est-il présent dans la souffrance ?

C'est une question difficile. Dieu est-il plus présent dans le bourreau que dans la victime ? Si l'on revient à ce qui a été dit jusqu'ici, Dieu est présent partout, par le simple fait qu'il y a de l'être. Qu'il soit minéral, animal, même angélique, du moment que quelque chose est, l'Être est présent dans son abîme ou dans sa manifestation. Alors, Dieu est-il présent dans le bourreau ? Mieux vaut poser la question ainsi : sous quel mode Dieu est-il présent dans le bourreau, et sous quel mode Dieu est-il présent dans la victime ?

À Auschwitz, un enfant va être conduit au four crématoire, et un juif demande : « Où Dieu est-il ? Où Dieu est-il présent ? Comment Dieu peut-il exister, être présent et permettre le crime de l'innocent ? » C'est le scandale que chacun de nous peut éprouver à certains moments. Comment est-il possible qu'il y ait tant d'injustices et que la mort des innocents soit acceptable ? Où Dieu est-il présent dans ce qui détruit l'être ? C'est la grande question. Faut-il de l'Être pour détruire l'être ? Un chrétien répond au juif : « Dieu est là », et il lui montre l'enfant. Le christianisme ne dit pas autre chose, il n'explique pas la souffrance. Il nous dit simplement que Dieu est présent dans la mort de l'innocent. Le Christ, c'est l'innocent, celui qui veut le bien, qui aime, et cet amour ne récolte que haine et mépris ; pourtant, au cœur de ce mépris, l'amour est présent, jusqu'au bout. Ce qui fera dire au Christ : « Ma vie, on ne me la prend pas, c'est moi qui la donne. » Il y a la présence d'un amour plus fort que la mort, l'Amour.

Le Christ n'explique pas la souffrance, il la prend sur lui, il la porte mais pas pour s'y complaire ! Il ne faudrait surtout pas dire que Dieu est plus présent dans celui qui souffre que dans celui qui tue. Dieu est plus présent dans celui qui souffre et qui en fait un acte de conscience et d'amour ; là, on revient à notre question : Dieu est présent dans le bourreau. Il faut oser le dire, puisque le bourreau est, puisqu'il existe, puisque l'existence le fait exister, la Présence le « présentifie ». La Présence lui donne d'être. On ne peut pas gommer cela. Dieu est présent dans le bourreau, comme il est présent dans le mauvais esprit, comme il est présent dans la brute, comme il est présent dans la pierre. Dieu est aussi présent dans la victime. S'il y a de la patience dans la victime, il y a plus de présence ; ce n'est pas simplement une présence brute, mais une présence consciente. Le bourreau n'a pas de conscience de ce qu'il fait, sinon il ne pourrait pas le faire. Toutes les pratiques de non-violence ont pour but de réveiller cette conscience-là. Si la victime est consciente, il y a, à côté de l'être brut, à côté de l'être destructeur, l'être capable de transformer cette destruction en conscience. Ce thème, difficile à aborder, conduit finalement à la présence de l'Être dans la mort

Je peux le dire pour avoir accompagné un certain

nombre de mourants. Quelquefois, au moment où il y a « passage » entre la présence spatio-temporelle et la non-présence dans l'espace-temps, il se donne à voir, à goûter, une qualité de présence qui déborde l'espace-temps ; la mort n'enlève pas la vie à la personne, elle ne lui enlève qu'un certain mode de présence de la vie. Je pense à Ramana Maharshi à qui on demandait : « Où allez-vous après la mort ? » (on voulait lui faire parler de la réincarnation). Il répondit : « Après la mort, je vais là où j'ai toujours été. » Cet homme était dans la présence essentielle, présent à l'être essentiel qui ne meurt pas, à l'Être incréé. Il était bien présent dans la forme matérielle de son corps ; atteint d'un cancer, il avait mal, mais la présence du mal et de la souffrance, qui sont liés à l'espace-temps, était comme « débordée »...

C'est aussi mon expérience et le commencement de ma vie spirituelle : une expérience de mort clinique. Tout ce que je peux dire, c'est que lorsque mon corps n'était plus présent, lorsque mon cerveau ne répondait plus « présent » (l'électro-encéphologramme était plat), il y avait quelque chose en moi qui était présent. Mais je ne peux pas en parler puisque ce n'est pas de l'espace-temps. Ce dont je peux parler, ce sont toujours des « présences spatio-temporelles » — la présence de l'intelligence dans mon cerveau, de la vie dans mon corps, de l'amour dans mon cœur ; mais là, il s'agit d'une qualité de présence qui n'a pas de nom. Même la lumière est encore une métaphore. La lumière, on ne la voit pas, c'est ce qui nous permet de voir. Et une lumière que l'on verrait, ce n'est pas de la lumière, c'est du brouillard. Je connus alors une réalité, la présence d'une Réalité innommable, impensable, inconcevable et pourtant réelle. « Présence réelle. » Après cette expérience, il m'a été donné de lire dans l'Évangile cette parole de Jésus : « Avant qu'Abraham fut, Je suis. » Ce « Je suis » — qui ne dit pas : « Je suis présent dans mon corps, dans ma pensée, dans mon cerveau, je suis présent dans l'animal que je suis, dans la plante que je suis, dans l'intelligence que je suis » — est un pur « Je suis » ; il faut parler de « présence pure ». La présence du « Je suis », c'est le YHWH, le Tétragramme innommable. L'Être peut se rendre présent, dans la forme, sous différents modes — matériel, spirituel, affectif. Tous les modes de présence passeront, mais l'essence même de ce qui s'y est rendu présent, « cela est » — « Je suis », YHWH.

Finalement, dans votre dynamique, la victime serait le thérapeute du bourreau, c'est elle qui lui montre la voie. N'est-ce pas ce que fait le Christ ?

Oui, c'est la rédemption. Il dit : « Seigneur, pardonnez-leur, ils ne savent pas ce qu'ils font. » Le Christ prend sur lui la violence qui est dans l'autre. Il y a dans le Christ quelque chose qui est plus grand que la violence. Mais avant de « prendre » en soi la maladie des gens, il faut être sûr de pouvoir la transformer, sinon ce sera deux noyés au lieu d'un. Pour un thérapeute, c'est un moment important : il s'agit d'être présent à la souffrance de l'autre, de l'accueillir, de la prendre en soi, de la porter comme un enfant blessé, et en même temps ne pas s'identifier à elle. Ce n'est pas notre souffrance, c'est la sienne. Respecter l'autre, c'est porter sa souffrance et la rendre présentable, présente, c'est en faire une présence — présence du passé, présence de la douleur —, et avec cette présence-là, il est « capable » d'évolution.

Ainsi, il n'y a pas de différence entre les présences que l'on trouve comme modalité de l'expression de l'être, de manifestation de l'être, et la Présence ?

C'est toujours l'Être qui est présent, mais avec différents modes de qualité ou « climats ». La présence de l'Être dans le bourreau, vous êtes d'accord, c'est une autre qualité que la « présence de l'Être » dans celui qui offre sa vie... ?

Certainement, mais d'un autre côté, comment comprendre que quelqu'un — vous parliez de Teilhard de Chardin qui trouve l'éveil dans le minéral, de Krishnamurti qui trouve l'éveil en regardant un oiseau dans un arbre — sache trouver la conscience au-delà de...

La conscience est une. Elle est lourde dans la pierre, elle chante dans l'oiseau, elle fleurit dans l'arbre au printemps, elle prend conscience d'elle-même dans l'homme, elle jouit d'elle-même dans le sage.

Vous laissez entendre que pour l'homme il est plus facile d'accéder à cette intelligence d'âme plus subtile, plus élaborée, par exemple, dans l'humain que dans une pierre ?

C'est là la grandeur de l'homme. On voit qu'il est structuré christiquement. La grandeur de l'homme, c'est de faire le lien entre le « haut » et le « bas », entre la pierre et l'ange. Vous retrouvez cela chez les Indiens : si le totem a des ailes, il a aussi la pierre. Être homme, c'est être une échelle. Différents plans de conscience font le lien entre les différents modes de présence. Être homme, ce n'est pas partir vers l'« angélique », ce n'est pas rester dans l'animal. Nous sommes des « bêtes » et nous sommes des « anges ». « Qui veut faire l'ange seulement fait la bête. » L'homme, c'est celui qui tient en lui l'ange et la bête. Les informations, les modes de présence subtils des mondes spirituels, les modes de présence tout à fait charnels de la matière, c'est ce qui est peut-être le plus difficile. C'est pour cela que certains disent : « À tous ces modes, à tous ces plans de présence spirituelle, je réponds “non présent”. Je ne me rends pas présent à ces présences. » Ils pensent s'enfermer dans l'« animal », dans l'animalité, dans la matière, dans le fonctionnement intelligent de la matière, dans leur « être pour la mort ». D'autres, ce qui les intéresse, c'est « ce qui ne meurt pas » et ils vont dans les plans spirituels, mais ils oublient de transfigurer la matière, de faire participer le monde à la lumière.

Comment retrouver cette présence de l'Être en toutes choses ?

Par la pratique de ce que j'appelle l'« anamnèse essentielle », c'est-à-dire faire mémoire de l'Être au cœur de ma vie quotidienne, faire mémoire de l'inconditionné dans tous les conditionnements dans lesquels je vis. Faire mémoire de l'incréé dans la créature, dans l'être composé que je suis : faire mémoire, rendre présent cet Être qui m'a touché à ce moment particulier, transitoire, mettre de l'Ouvert. C'est la pratique très concrète de l'oraison hésychaste transmise par le Christ à la Samaritaine lorsqu'il l'appelle à la prière « *en pneumati kai aletheia* » — la prière dans le souffle, dans le *pneuma.* Ce qui fait mémoire de l'Être en moi, en ce moment, c'est le souffle ; mon souffle, en ce moment, est en contact avec l'Être, et s'il ne l'est pas, je ne respire pas. Il s'agit d'entrer dans cette conscience, dans ce souffle conscient. Prier, c'est respirer. À la respiration, joindre la vigilance — *aletheia,* « vérité », qui signifie littéralement « sortir de la léthé, sortir du sommeil, être en état d'attention ». Rendu généralement par « prière en esprit et en vérité », il faut, pour respecter vraiment le texte grec, traduire « *en pneumati kai aletheia* » par : « Prière d'attention au souffle, prière du souffle conscient. » Être présent à la conscience du souffle au cœur de ma respiration, être présent au *pneuma.* Dieu est avec nous mais nous, nous ne sommes pas avec Lui ; il s'agit d'entrer dans ce mouvement qui m'inspire et que j'expire, rentrer dans ce mouvement du souffle. C'est la première pratique.

Quant à la deuxième pratique (elles sont liées dans l'hésychasme), c'est l'invocation du Nom. Invoquer le Nom, c'est se rappeler « Celui qui est présent », « Celui qui Est ». Au cœur même de mes fantasmes, de mes projections, de mes peurs, de mes angoisses, je me rappelle la présence de l'Être, le « je suis celui qui est ». Il y a des émotions positives, des émotions négatives, il y a des moments de bonheur, de souffrance. Mais, au milieu, de tout cela, je fait mémoire de l'Être. Dans la tradition chrétienne, c'est le nom de Yeshouah, nom qui « colle » bien au souffle. Dans le nom de Jésus, il y a le Tétragramme — YHWH, avec la lettre *shin,* au milieu, qui introduit une ouverture — qui nous rappelle que Celui qui Est, c'est Celui qui Aime. Invoquer le nom de Yeshouah, c'est faire mémoire, au cœur même de ma vie quotidienne, d'un Être qui m'aime, puisque je suis là, puisqu'il m'est donné d'exister...

Dans le monde de Jésus, de nouveau il y a Dieu et il y a l'homme ; il y a l'humain et il y a le Divin. Je peux aller vers Dieu sans rien renier de l'homme. Je peux aller vers l'Esprit sans rien renier de la matière. Je peux aller vers la matière, vers un corps, aimer un corps humain sans oublier d'y être avec mon esprit.

On retrouve « l'archétype de la synthèse ». Respirer, faire mémoire de l'Être, c'est se souvenir du Souffle qui respire dans notre souffle et invoquer le Nom. Le drame de l'homme, c'est l'oubli de l'Être, le monde de l'absence, le monde de l'oubli. Or le monde de la Présence est le monde de la remémoration de l'être. Notre vie est-elle un mirage ou un miracle ? Le mirage, c'est que cela a l'air d'être présent ; il n'y a pas de présence dans ce qui est présent. Le miracle, c'est que cela est saturé de présence. Le miracle lui-même indique qu'il y a de la présence dans la forme : elle est habitée, respirée, vivante, intelligente. On peut vivre dans le mirage ou dans le miracle.

On peut aussi vivre dans l'« idole », présence pleine extérieurement, qui « bouche », qui enferme. La présence de l'icône est une présence qui « ouvre », qui n'enferme pas, et le drame de beaucoup de nos contemporains est de vivre dans la présence de l'idole : elle remplit la tête, le cœur et quelquefois le corps et ça ne respire plus. Vivre dans l'idole, c'est avoir l'intelligence arrêtée par ce que l'on sait et ce que l'on sait, on croit que c'est toute la réalité. Vivre dans l'icône, c'est avoir l'intelligence non arrêtée par ce qu'elle sait ; je sais ce que je sais, mais je sais aussi tout ce que je ne sais pas... L'idole, c'est ce qui arrête mon regard à ce qu'il voit : mon regard est rempli, bouché, arrêté. L'icône, c'est ce qui n'arrête pas mon regard à ce qui se donne à voir ; là, il y a une présence qui m'ouvre à plus loin. Du visible je vais vers l'invisible. Je peux alors voir chaque chose, chaque présence visible, entourée, habitée d'invisible ; le regard s'élargit...

Comment ne pas avoir le regard arrêté par ce qu'il voit, comment avoir l'intelligence non arrêtée par ce qu'elle sait ? Comment avoir le cœur non arrêté par ce qu'il aime ? Si je m'arrête dans ce que je vois, dans ce que je sais, dans ce que j'aime, cette présence devient « présence idole ». Mais si je vois ce que je vois, il s'agit bien de le voir ; si je sais bien ce que je sais sans être arrêté, si j'aime bien ce que j'aime, la personne que j'aime, sans être arrêté par elle, sans m'enfermer dans cette relation, alors je suis dans la « présence de l'icône », une présence qui ne m'enferme pas, qui ne m'arrête pas. La vie continue, la vie est vivante. Présence réelle...

1. Cf. *L'Enracinement et l'ouverture*, éd. Albin Michel.

Présence et éveil

ROLAND RECH

Il y a vingt siècles, dans un petit État du nord de l'Inde, un homme du nom de Gotama prit conscience de l'universalité de la souffrance liée à l'impermanence de tout ce qui existe. Face à la douleur que nous infligent maladie, vieillesse et mort, ainsi que l'impossibilité de conserver durablement ce que nous aimons et d'éviter ce que nous n'aimons pas, il entreprit la recherche d'une voie de libération qui ne fasse appel ni aux pratiques de mortification des ascètes yogis, ni aux rites des brahmanes.

Il finit par s'éveiller grâce à sa méditation dans la posture assise jambes croisées, dos droit, concentré sur sa respiration, observant tous les phénomènes sans entretenir ses pensées, mais en en percevant l'ultime vacuité. Il découvrit ainsi que la cause de notre souffrance ne réside pas tant dans ce qui nous arrive que dans notre attitude mentale face à ce qui nous arrive. Cette attitude, faite d'avidité et d'aversion, repose sur une ignorance fondamentale qui nous fait nous identifier à une construction mentale toute relative, impermanente et insubstantielle que nous appelons « moi », « je », et que nous passons notre temps à essayer de défendre et de renforcer au point de nous couper de notre unité native avec tout l'univers.

Lorsqu'il s'éveilla, devenant ainsi Bouddha, Gotama comprit l'enchaînement des causes et des effets qui, depuis la naissance, nous maintient dans un cycle de frustrations et de souffrances. Il y trouva remède dans une voie fondée sur la pratique de la méditation, qui entraîne une éthique et une sagesse permettant un art de vivre en harmonie ave soi-même, les autres humains, et la nature de notre existence qui est au-delà de notre petit ego.

La méditation de Bouddha, faite de concentration et d'observation, que nous appelons *zazen* dans l'école zen du bouddhisme, a été transmise de maître à disciple non comme une simple technique de méditation, mais comme étant par elle-même, au moment de sa pratique juste, réalisation de l'éveil de la présence à soi-même et à la réalité telle qu'elle est, par-delà notre vision déformée par notre conditionnement égotique.

Selon la tradition zen, lorsque le Bouddha Shakyamuni voulut transmettre l'essence de son enseignement, il arrêta le sermon qu'il était en train de prononcer devant ses disciples réunis au pic des Vautours, prit une fleur et la fit tourner entre ses doigts, en silence. La plupart ne comprirent pas, mais Mahakasyapa sourit. À ce moment-là, Bouddha déclara : « Je possède l'œil du Trésor du vrai *Dharma,* l'esprit serein du *nirvana,* et je le transmets à Mahakasyapa. » Par la suite, cet esprit s'est transmis d'esprit à esprit, de maître à disciple, jusqu'à nos jours, essentiellement dans la pratique de *zazen* ensemble dans le *dojo*. Dans cette pratique de la méditation assise, sans objet, sans poursuivre ni rejeter quoi que ce soit, le regard tourné vers l'intérieur, notre véritable nature de bouddha se manifeste, est présente, et nous communions dans cette présence qui constitue l'essence de la transmission du zen. Comme cela se produit inconsciemment et naturellement dans la pratique commune et partagée, cela n'est pas souillé par l'illusion de notre mental dualiste qui transforme tout en objet d'appropriation pour notre ego.

« Prendre et faire tourner la fleur » est un geste de totale attention à la présence de la fleur telle qu'elle est. C'est ce qui permet la pratique de *zazen,* lorsqu'on se dépouille de ses attachements au corps et à l'esprit. La pratique de cette complète attention qui ne crée pas de séparations est l'essence de l'éveil de Bouddha. Lors des *sesshin* zen — périodes où la pratique continue plusieurs jours et où méditation, travail et repos alternent dans une même attitude de présence à soi et aux autres — cette complète attention s'actualise aussi dans nos activités quotidiennes, comme faire sa toilette, cuisiner, prendre les repas ensemble, faire la vaisselle. Pour les disciples du Bouddha, la pratique la plus importante est cette complète attention qui est exposée dans le *sutra* de Satipatthana. Bouddha s'y adresse à ses disciples en disant : « Ceci est la seule voie, moines, pour la purification des êtres, pour la victoire sur le chagrin et la lamentation, pour la destruction de la douleur, pour atteindre le sentier juste, pour l'atteinte du *nirvana,* à savoir les quatre établissements de l'attention. » Il s'agit de la contemplation du corps, des sensations, de l'état d'esprit et des contenus mentaux.

La contemplation du corps consiste comme dans le *zazen* en une concentration sur la posture, dos droit, jambes croisées, et en une attention en éveil où, au lieu de poursuivre les phénomènes mentaux, on se contente de rester attentif à chaque inspiration et à chaque expiration. Cette pratique permet de calmer l'agitation mentale et de réaliser un esprit lisse comme la surface de l'océan quand le vent s'est calmé. Il peut alors refléter tous les phénomènes tels qu'ils sont et être transparent jusqu'au fond. C'est le *samadhi* de *zazen,* qui permet d'être totalement présent à soi-même et au monde ; cette présence à soi-même permet de se confronter à la question de la nature de ce *soi.* Quand on s'observe « soi-même », on est mis en présence d'un corps, de sensations, de perceptions, de désirs, d'intentions et autres processus mentaux, et de la conscience de tout cela. Mais il n'est pas possible de saisir son propre esprit, ni a fortiori un ego, ni même un soi. Il n'y a rien de fixe, rien de limité dont on puisse s'emparer et dire : « Cela, c'est moi. » La pratique de *zazen* aboutit à une déconstruction du fondement de notre subjectivité, par la réalisation de sa vacuité. La présence à soi conduit à la reconnaissance de l'absence de soi en tant qu'instance réelle permanente. Cette absence devient libération de l'illusion égotique dans laquelle nous sommes enfermés depuis qu'ayant appris à dire « je », nous nous sommes mis à y croire comme à quelque chose d'autre qu'une figure de langage.

Dans le *sutra* sur l'établissement de l'attention, le Bouddha enseigne à observer non seulement son corps et sa respiration, mais aussi ses sensations, son état d'esprit et les contenus mentaux, en les voyant tels qu'ils sont : sans substance fixe, en observant simplement leur apparition et leur disparition tout en restant concentré ici et maintenant dans sa posture et sa respiration. Ainsi se produit le détachement de notre ego illusoire et de tous les attachements qui en résultent.

Dans la pratique du *zen,* le *satori* n'est pas seulement une absence d'illusion, mais bien plutôt la prise de conscience de ses illusions éclairées par la conscience claire de *zazen,* et d'abandon de ces illusions en voyant l'ultime vacuité.

Dans le silence de *zazen,* cette absence de l'attachement à un ego nous met en présence de la nature réelle de notre existence, qui est interdépendance avec tous les êtres, unité avec tout l'univers. Alors il n'est plus nécessaire de se livrer à une ascèse pénible pour se séparer de ses attachements qui nous font souffrir : la racine en est tranchée. Notre vie peut devenir heureuse et libre. Nous pouvons exister réellement en étant présents à l'ici et maintenant : ici, dans notre corps, en nous concentrant sur notre posture, nos gestes, nos actions ; maintenant, dans chaque respiration. Être attentif à sa respiration est la meilleure méthode pour devenir présent à la vie réelle, à la fois toujours changeante comme le courant d'une rivière, et toujours vécue dans l'éternel présent d'une conscience unifiée, seule expérience de l'éternité du *nirvana* réalisable dans l'ici et maintenant du monde des phénomènes perpétuellement changeants.

L'enjeu de cette expérience ne concerne pas seulement notre bien-être au sens profond du terme, mais aussi le fait de vivre réellement ce qu'implique cette absence d'ego fermé sur lui-même, qui ouvre à un mode de vie où notre unité avec tous les êtres s'actualise dans la présence aux autres. Cette solidarité, qui exprime le véritable amour libéré de l'attachement à l'ego, est fondatrice d'une nouvelle éthique et d'un sens de la vie issu de l'expérience de la méditation. C'est sans doute l'une des raisons profondes de cette attirance actuelle pour le bouddhisme — et en particulier pour son école zen —, dans la mesure où il permet ce retour sur soi requis dans les périodes de crise, où les valeurs établies s'effondrent, et le dépassement de soi, fondateur d'une nouvelle spiritualité possible pour le XXIe siècle.

Un art de vivre dans la conscience

SOPHIE PIERRON-RIGAL *

Un immense défi se pose à l'homme contemporain : la perte du sens, l'Absurde et beaucoup de souffrances le guettent. Il accumule les actions, pratique la fuite en avant, la surenchère permanente — que ce soit au niveau de la réussite matérielle, sociale, sportive ou qu'il se perde dans une agitation frénétique de tout ordre. Il souffre, peine, gémit, car il est prisonnier de vieux schémas, de vieilles idées, souvent cachés à sa conscience ordinaire.

De son malaise, il ne sait que faire, sinon dénoncer, revendiquer, fuir, souffrir, nier, manipuler... Lorsque, sous la pression d'une trop forte agitation, il s'arrête et fait le point, le but ultime de sa démarche ne lui apparaît pas vraiment. Pourquoi cela ? Après quoi court-il ? Où va-t-il ?

La question paraît terriblement complexe, les paramètres à prendre en compte sont multiples, et l'homme est démuni pour y répondre. L'éducation

---

* Psychothérapeute

ne l'a pas préparé à résoudre ce type de dilemme. De plus, la culture dominante l'incite à ne plus accepter aucun argument d'autorité venant d'une quelconque institution religieuse, idéologique voire politique... L'homme est invité à penser sa vie par lui-même, à prendre la responsabilité de ses choix, à se faire sa propre éthique... À cela, rien à redire, sinon que l'homme du XXIe siècle n'a pas reçu de modèle, de méthodes, d'outils pour nager dans cette complexité. Dès lors, il est tenté de ne pas se questionner !

C'est pourquoi le concept de Présence, véhiculé dans les traditions les plus anciennes et les plus diverses, retrouve plus que jamais sa pertinence. Il apprend à l'homme contemporain qui s'en nourrit à sortir du faire et à se donner le droit d'être — être pleinement, être joyeusement, être tout court ! Il l'incite à secouer tous les parasites qu'il porte sur son dos ; à identifier les faux amis — intérieurs et extérieurs — qui lui susurrent les actions les plus folles à l'oreille et le piquent pour aller toujours plus loin, en avant. Il l'invite à penser (panser) sa vie, une vie qui est unique et qui ne doit pas être donnée en otage au conformisme ambiant.

Certes, en tant qu'animal social, l'homme se doit d'adhérer au monde tel qu'il est ! Et pour bien vivre en société, la reconnaissance de l'autre, l'approbation de certains lui sont nécessaires. Il a besoin de se sentir appartenir à une collectivité, relié à certaines familles de pensée — sans quoi il pourrait sombrer dans la folie.

Mais la vie est un théâtre, et le jeu social a ses

propres exigences. Chacun manie les masques les plus divers, les costumes les plus variés. Il joue un, voire plusieurs rôles; souvent, il finit par ne plus être que ses propres masques! Il en perd sa substance, sa consistance et s'égare douloureusement. Faire semblant toute sa vie finit par lui devenir insoutenable. Pris dans ses paradoxes, l'homme d'aujourd'hui ne veut pas être un simple pion. Mais comment concilier ce qui est apparemment inconciliable? Comment être authentique, comment être lui-même au milieu de cette comédie du pouvoir, de cette manipulation généralisée? Comment rester un individu à part entière, intégré socialement et, qui plus est, un homme qui apporterait une collaboration constructive à l'édification de la société? Comment concilier son besoin d'existence comme individu à part entière, reconnu dans toute sa singularité, et son besoin d'intégration sociale où il est relié aux autres essentiellement par ce qu'il a de commun avec eux?

Comment peut-il accorder la réalité telle qu'elle se présente à lui et l'idéal qu'il poursuit, le monde tel qu'il va et le monde tel qu'il souhaiterait qu'il soit? Comment peut-il vivre en accord avec les valeurs qui fondent sa dignité humaine?

Gérer la complexité

C'est là un des enjeux majeurs de notre temps : apprendre a gérer la complexité. Car ce n'est pas la contradiction mais, essentiellement, la complexité qui constitue la réalité de toutes choses.

Opposer l'individuel et le collectif, le mal et le bien, l'idéal et la réalité, etc., n'a pas toujours de sens.

Il s'agit plutôt d'aider le sujet à articuler ses besoins individuels d'amour, de tendresse, de reconnaissance, d'authenticité, de sacralité..., avec les demandes et les contraintes de l'espace social. De lui permettre de gérer ses propres ambiguïtés, ses côtés à la fois noirs et blancs, démoniaques et divins, sans culpabilité paralysante mais en lui donnant des clés pour qu'il fonctionne en homme responsable. De lui permettre, dans une époque où de multiples valeurs ont été démystifiées, de retrouver ses propres valeurs, celles qui sont fondatrices de son être et que souvent, même, il ignore faute d'avoir eu le temps et l'opportunité de les saisir. De lui permettre de retrouver foi dans le vivant et la vie, dans sa créativité, de retrouver le merveilleux à chaque instant...

Pour ne plus être esclave du regard des autres, des normes en vigueur, des modes, pour cesser d'être une marionnette animée par la parole de l'autre, l'homme doit retrouver le désir au plus intime de son être. Il peut apprendre à s'accorder pleinement à lui-même, à ce qu'il est. S'accepter avec ses limites, ses doutes, et cesser d'activer le complexe olympique que dénonce Placide Gaboury, où chacun pense qu'il sera heureux lorsqu'il sera devenu quelqu'un d'autre, lorsqu'il aura changé certaines choses qu'il n'aime pas en lui.

En étant présent à lui-même, ainsi que le lui suggèrent des voies comme le zen, en s'acceptant, l'individu cesse de pratiquer cette fuite en avant qui le caractérise ; son regard devient plein d'indulgence pour lui-même sans pour autant céder à la facilité et à la compromission ; il peut s'observer. Il découvre les multiples acquis et croyances, couches de pensées, d'émotions, etc., qui ne lui appartiennent pas en propre, mais qui ont été déposés là, au fil du temps, par l'éducation, la culture, les expériences personnelles et les conclusions parfois hâtives et inconscientes qui en ont été tirées.

Des lunettes déformantes brouillent sa perception de la réalité. Une épaisse muraille enserre sa vitalité jusqu'à créer un voile dense entre lui et les autres, entre lui et les ressources de l'environnement. En comprenant combien son regard est sélectif et sa vision de la réalité fort relative, il prend conscience qu'il ne perçoit pas la vie telle qu'elle est mais telle qu'il est ! Dix personnes devant le même paysage en auront dix perceptions, dix ressentis, dix interprétations... propres à chacun selon ce qui le constitue.

Ainsi, l'homme conçoit qu'au-delà du pouvoir d'acquérir, de perdre, d'accumuler, il a un immense pouvoir sur son vécu, sur sa pensée ; et cela, c'est un chemin beaucoup moins fréquenté !

Paradoxalement, en s'ancrant dans cette présence à l'instant, en s'immergeant dans la réalité, il trouve une très grande force et une très grande liberté par rapport à l'événement. C'est la fin d'une tension, d'une quête frénétique, d'un besoin d'être rassuré, pour découvrir la véritable autonomie, celle qui fait exister indépendamment de ce qui arrive. Il fait ainsi l'expérience de ces moments où la vie se suffit à elle-même! La jouissance de l'instant lui permet de se repenser comme sujet pensant. Il peut ainsi déceler les distorsions entre ses croyances et la réalité.

Car les croyances, c'est ce que l'on croit vrai, c'est un système de références qui nous a été nécessaire pour nous structurer, nous construire, mais elles risquent de se figer. Notre personnalité a eu besoin des idées de ceux qui ont fait de nous un homme, ceux qui nous ont permis de penser et de nous penser. Elle s'est aussi construite sur la base de dogmes, croyances et traditions. Or, « la fonction de penser ne se délègue pas », dit Alain. Nous nous devons d'assimiler les valeurs, la vision du monde véhiculées par les traditions; en quelque sorte, les mâcher pour qu'elles s'intègrent harmonieusement en nous.

Certes, aucun de nous n'échappe aux angoisses existentielles, comme la finitude, la solitude, l'impermanence, l'imperfection... Nous avons la tentation de colmater ces angoisses par des croyances. Cela nous permet de mieux vivre! Mais sachons considérer nos croyances actuelles comme celles qui correspondent à notre évolution présente, et accordons-nous le bénéfice du doute pour nous permettre de faire évoluer celles-ci à mesure que nous les mettons à l'épreuve de notre existence. Nous pouvons évoluer, par ce jeu subtil d'aller et retour entre l'immersion dans le réel et les conclusions que nous pouvons en tirer. Pour prendre ce risque, nous avons besoin de trouver le soutien en nous-mêmes, dans notre propre

Soi. Accueillir la présence en nous nous permet de faire face à ces multiples défis.

La présence nous fait sortir de la fascination pour opérer un retour sur ce qui nous fonde ; elle nous permet de nous dégager de l'accessoire et du superflu et de tirer de nouvelles priorités ; elle nous fait sortir de la dictature des faux besoins, de l'hypervitesse et de la surconsommation, pour entrer dans un éternel présent ; elle nous permet d'accéder à une simplicité prometteuse qui débouche sur la plénitude.

Alors, notre perception s'affine ; ce que nous n'avions jamais vraiment vu auparavant, ce devant quoi nous ne nous étions jamais arrêtés, devient fête des yeux, des oreilles et du cœur. La vie trouve sens dans cette célébration de l'instant, dans cette plénitude du moment. Nous entrons dans « l'ouvert », qui nous met en contact avec la richesse qui nous entoure et que nous ne soupçonnions pas auparavant. Désormais, nous pouvons nous abandonner à l'instant et vibrer joyeusement, à l'unisson de ce qui est !

Le Bienheureux est dans l'escalier

Petit conte philosophique

BERNARD RÉROLLE

La petite rue Littré monte, sans joie, moyennement propre et moyennement affairée, de la rue de Vaugirard à la rue de Rennes. Le Bienheureux l'arpente à grands pas. Il se presse par instinct plus que par nécessité. Sa hâte n'est guère justifiée. Un Bienheureux ne devrait-il pas être entraîné depuis belle lurette à la paix du cœur ? Il n'empêche, toute perte de temps lui paraît exaspérante, c'est plus fort que lui. Flâner n'est pas son genre. À la rigueur, il accepte de s'y contraindre s'il se trouve en compagnie de quelqu'un qui flâne et s'il se trouve que cela leur fasse plaisir à tous les deux. Mais ces conditions sont rarement réunies. Il ne se sent pas particulièrement rongé d'inquiétude. Non. C'est seulement que le fond de son abîme intérieur n'est jamais vraiment calme.

Il ménage un peu son souffle, malgré tout, puisque ses coronaires ne sont plus ce qu'elles étaient. Mais son pas trouve sans peine le rythme alerte et régulier qui est le sien. Ce qui tourne fou, par contre, c'est son mental : des pensées, des mots, des images tourbillonnent, infatigables et sans ordre, à mi-chemin entre le rêve et la réalité. Appeler ce fatras « pensées », c'est leur faire beaucoup d'honneur. Des ébauches, tout au plus.

Le voilà en haut de la rue de Rennes et sur la place du 18-Juin. Le trafic se fait plus dense. Son regard et ses pensées papillonnent, effleurant les passants, les vitrines, les affiches lumineuses. À peine le temps de sentir une bribe de sensation ou une bribe de réminiscence. Par moments, il prend conscience de ce chahut en lui et autour de lui, sans plaisir, peu satisfait de se surprendre à ruminer du vent.

Il s'examine, saisi par un certain désenchantement. Toutes ces pensées, toutes ces images, qui ne font que traverser puis retournent au néant, que valent-elles, si vives et lumineuses soient-elles ? Est-il possible de construire une pensée digne de ce nom au cours d'une promenade ? On dit que les philosophes marchent pas à pas lents, le front pensif... mais sûrement pas sur les trottoirs parisiens !

Quelques mots viennent se planter comme des flèches : tiens ! Ils feraient un joli titre ! Un titre pour quoi ? Peu importe. Il se laisse aller quelques secondes à la jubilation d'avoir trouvé un joli titre. Quand il pense à tous les jolis titres qui lui ont passé par la tête depuis des années et qui ne serviront jamais à rien ni à personne, cela l'amuse.

À certains moments, ce sont des bribes de chanson, des rengaines qui viennent lanciner sa cervelle et se répéter sans trêve. À d'autres moments, ce sera la ronde des souvenirs incongrus, des bouffées culpabilisantes. Une affiche, une phrase captée par hasard, un visage remarqué entre mille, tout peut devenir le bois de ce feu de broussailles et tout s'évanouit en fumée. Honnêtement, le Bienheureux a un peu honte de lui, lui qui n'aime pas gaspiller. Mais il fait l'expérience cruelle qu'il ne suffit pas, pour chasser ces rengaines et ces verbiages, de le décider ni de réaliser qu'ils sont stupides. Il pousse un gros soupir et poursuit sa marche, le nez au vent.

« Un bouquin, chef ? » Un SDF hilare lui tend *Le Réverbère* pendant qu'il passe devant le seuil des Galeries Lafayette. La trogne de ce jeune homme n'est-elle pas un peu rougeoyante pour son âge ? Il n'est pourtant que dix heures du matin. Les mendiants produisent sur le Bienheureux des effets contradictoires. Son premier réflexe est le rejet agacé de celui ou celle qui pénètre dans sa bulle sans préavis. Pour atteindre le second réflexe, il lui faut faire appel à toute sa bonne éducation et à ses bons principes, c'est-à-dire pour donner une chance à la bienveillance et à la compassion. Hélas ! Aujourd'hui, comme cela arrive souvent, ce second réflexe arrive trop tard. Le quémandeur est déjà loin derrière, occupé à prendre d'assaut les passants. Ce n'est pas que le Bienheureux manque de bonne éducation ni de bons principes. Il lui est arrivé de pratiquer lui-même la mendicité dans la rue, lors d'un séjour chez les moines zen au Japon. Et il lui arrive de développer quelques pensées pénétrantes sur ce sujet, sur la portée spirituelle de cette coutume, devant des auditoires recueillis et admiratifs. Mais pour l'heure, le mal est fait : son porte-monnaie et son visage sont restés fermés. Derrière lui, sur le trottoir, il peut entendre une voix qui s'éloigne : « Un bouquin, m'dame ? »

Tout en longeant la tour Montparnasse en direction de la gare, le Bienheureux se gourmande sans ménagement. Comment se fait-il que toute sa bonne éducation, ses pensées évangéliques et tout le reste disparaissent en un clin d'œil dès que l'événement le prend à contre-pied ? Son inconscient se sent-il menacé ? Ou est-ce seulement la surprise ? Quel est ce fauve en lui qui bondit avant toute réflexion ? Y a-t-il là quelque « rémanence de la conscience enfantine », comme disent les psy ? Est-ce son petit *moi* qui se défend si sauvagement, si instinctivement ? Pourquoi ce bougre de vendeur de *Réverbère* surgit-il sans crier gare ? Le Bienheureux va entrer dans son grand âge et il se laisse surprendre comme un gamin !

Jésus a prévenu : on reste un apprenti jusqu'à la fin de ses jours sur le parcours des Béatitudes. Le Bienheureux en fait l'expérience amère. Il aurait fallu qu'il soit « présent » à lui-même pour ne pas rejeter le mendiant... Or s'il n'était pas là, c'est précisément parce qu'il était plongé dans ses soi-disant « pensées ». Il doit avouer que c'est le fait de penser qui l'a empêché de penser juste. C'est le fait de penser fermé qui l'a empêché de penser ouvert. Est-il possible de sortir d'un cercle aussi vicieux? Il y a de quoi s'embrouiller.

Mais la vie n'attend pas, et le Bienheureux est loin d'avoir résolu son problème alors que le voilà déjà dans le brouhaha de la gare Montparnasse, sur l'escalier roulant qui mène aux guichets « grandes lignes ». Le grand hall de la nouvelle gare n'est pas laid, assez fonctionnel mais il ne peut s'empêcher de trouver son ambiance un peu froide ou, pour mieux dire, impersonnelle. Par bonheur, quelques pigeons réussissent à se faufiler au milieu de tout ce verre, tout ce béton et cet acier. Ils volettent d'une poutre à l'autre dans de grands froissements d'ailes et une sorte de gaieté insolite plane autour des consoles de la billetterie automatique, loin du pavage de marbre gris et luisant. Ces pigeons sont aussi intrus qu'un marchand de *Réverbère,* pense le Bienheureux... et du coup, il les gratifie de la pensée de bienveillance dont il a frustré le jeune homme sans logis. L'un ne remplace pas l'autre... Mon Dieu, permettez que cela rétablisse un peu l'équilibre !

Un nouveau contre temps accablant attend le Bienheureux, un de plus ! Quinze personnes font la queue devant chacun des rares guichets ouverts. Pourquoi faut-il que tous ces gens aient justement choisi ce moment pour venir ici ? La SNCF ne suit pas la demande de sa clientèle ? Sa réaction spontanée est impatiente : fuir cette foule encombrante et revenir plus tard, pendant une heure creuse. Il amorce son demi-tour pour redescendre les marches... mais se ravise pourtant. Serait-il trop bête d'avoir pris le temps de venir et de repartir les mains vides ! Un peu de patience, que diable ! Il n'est pas plus intelligent de s'irriter maintenant que d'avoir rejeté tout à l'heure le bonhomme du *Réverbère.* Encore et toujours le même bébé qui crie au fond de son inconscient ? Cela se traduit par une désagréable sensation de nausée au creux de l'épigastre : un clignotant qu'il ne connaît que trop. C'est le moment de mettre en marche l'exercice de respiration adapté à la circonstance : un énorme soupir s'échappe sans bruit. Et les jambes un peu molles, il prend sa place en queue de file, comme tout le monde.

À l'autre bout, arc-boutée contre le Rhodoïd, une petite bonne femme aux cheveux gris est aux prises avec le guichetier, lequel est aux prises avec ses appareils. La petite bonne femme est sûrement compliquée, sa demande aussi. Les appareils aussi sont compliqués. Le visage du guichetier a quelque chose de pathétique, tendu dans son va-et-vient entre l'écran et la cliente. Les pigeons volettent et font bruisser le silence au-dessus de la foule maussade : on croit deviner les soupirs. Le Bienheureux ne parvient pas à calmer le hérisson qui picote son estomac. Mais il s'entête à rester là, car il est un Bienheureux têtu : une fois la décision prise, rien ne l'en fait démordre.

Que faire de son impatience dans le moment présent ? Il se figure son propre inconscient comme un bébé rageur en train de rouspéter depuis les années oubliées, depuis les temps immémoriaux. D'ailleurs, les bébés ne passent-ils pas le plus clair de leur temps à hurler ? Les hurlements de bébé lui ont toujours paru accablants, il a un mal fou à les supporter. Comment n'être pas saisi d'impuissance désolée devant ces désespoirs indéchiffrables ? Tout à sa désolation morose, le Bienheureux se penche à droite, se penche à gauche pour tenter de suivre les événements du début de la file. Apparemment, cela n'avance pas.

Or soudain, ce lent balancement éveille sa conscience à autre chose : ne ressemble-t-il pas en tous points aux lents balancements qu'il pratique si volontiers dans ses exercices de tai-chi ou dans la marche zen ? Tiens, tiens ! Pourquoi ne pas profiter de ces interminables minutes d'inaction forcée pour faire un peu d'entraînement ? Là, là... Expirer à fond et laisser lentement tout son poids venir sur un pied. Inspirer quand on revient au centre. Et lentement, lentement expirer de nouveau tout en transférant son poids sur l'autre pied. S'arranger pour que ce mouvement soit complètement imperceptible. Placer sa respiration profonde jusqu'au fond de l'abdomen. Voilà, voilà. Il se sent presque aussi habile qu'un danseur de *buto,* cette danse japonaise où on a l'impression que rien ne bouge. Hé, hé ! Personne ne se doute de rien autour de lui ! D'ailleurs, tous ces gens sont sûrement absorbés par leur propre tourbillon intérieur. Stressés, distraits, anxieux, tous ces citadins : leurs visages gris et leurs épaules voûtées les trahissent. Le Bienheureux se regarde en eux comme dans un miroir et il redresse ses épaules, lève son visage. N'oublions pas de détendre aussi le regard. Le Bienheureux s'absorbe dans son exercice et, du coup, il ne se sent pas trop mécontent de lui, par comparaison.

Soudain, un éclat de voix. Un vieillard grincheux apostrophe une jeune femme à quelques mètres de là. Peut-être a-t-elle resquillé ? Le petit barbichu ne se rend pas compte de son grotesque : sa figure jaunie, en lame de couteau, sa petite serviette élimée agitée à bout de bras, son énervement d'un autre âge... Il se permet quelques mots grossiers et malsonnants qui dominent pendant une poignée de secondes la rumeur confuse du hall. Un peu rouge, la jeune femme ne répond pas, mais refuse de battre en retraite. Le vieux cornichon prend bruyamment à témoin les gens qui ne l'écoutent pas sur la perversion des mœurs de la jeunesse actuelle. Bien vite, tout rentre dans l'ordre, dans l'indifférence générale.

Peut-on s'occuper d'une bulle de savon ?

Le Bienheureux s'est laissé distraire un instant par l'incident, mais il constate avec satisfaction qu'il n'a pas cessé de se balancer consciencieusement de droite à gauche et de gauche à droite et de respirer en cadence. Son exercice de concentration a traversé l'orage. Pourtant, une idée désagréable lui traverse l'esprit, au risque de tout perturber. N'aurait-il pas dû calmer le vieux ? Et, chevaleresque, voler au secours de la jeune femme ? Est-ce que son exercice d'attention ne le coupe pas du monde ? Est-ce qu'il n'est pas, lui, le Bienheureux, toujours dans l'escalier, toujours en retard d'un étage, d'un métro, d'une rencontre ?

Cette vérité l'aveugle et le laisse pantois ! Il s'applique, il s'applique... et voilà le résultat ! Il n'est jamais où il faudrait ! La vie se révèle parfois bien dure pour celui qui a décidé de mettre en pratique les Béatitudes de l'Évangile. Il tente de se rassurer en se disant qu'elle n'est facile pour personne. Si l'on pouvait faire une visite indiscrète dans le cœur et la cervelle des grands maîtres zen, chrétiens ou autres, on serait sans doute surpris. Tant qu'on en reste aux conférences, on n'entend parler que de réussites et d'exemples édifiants. Mais les jours se suivent, leur grisaille est interminable, et les flatteuses illuminations restent plutôt rares. Allons, Bienheureux, balance-toi, balance-toi, c'est au moment où l'exercice te paraît le plus fastidieux qu'il t'est vraiment le plus utile.

Il continue donc son imperceptible marche sur place pendant que la file avance, semble-t-il, à la vitesse de la dérive des continents. Et comme à l'accoutumée, une idée chasse l'autre. En voici une qui débouche sans crier gare. C'est comme une bouffée de bienveillance à l'égard des quelques personnes qui patientent encore, là, devant lui, dans la file. Il ne sait rien d'elles. Elles lui tournent le dos et ne peuvent rien deviner de son manège ni des ses pensées. Se pourrait-il que l'une ou l'autre soit habitée par des préoccupations spirituelles ? Ou pratique des exercices corporels comme le sien ? Rien n'est moins sûr. Or, tout comme lui, elles sont condamnées à perdre un temps qui leur serait précieux. De quelles ressources disposent-elles pour faire face ? Le Bienheureux se sent guilleret et ragaillardi : quelle chance il a, lui, d'avoir appris à habiter ses mouvements, ses respirations, son immobilité ! Ah, les pauvres gens ! S'ils pouvaient découvrir ce mouvement de marche et sa signification profonde, leur vie s'en trouverait transformée. Pour un peu, il se mettrait à leur prêcher... Ah, chers amis, si vous saviez comme c'est simple. Tout est une question d'attention, disons mieux, une question de qualité d'attention. Il suffirait de peu de chose pour rendre leur lumière à vos regards...

Mais son ardeur prédicante le quitte presque aussitôt. Ces braves gens ne sont pas en situation d'écouter, encore moins de comprendre. On ne saurait leur refiler un exercice spirituel comme on leur refilerait une recette de cuisine ou une adresse de coiffeur.

C'est donc in petto qu'il continue sa démonstration. Tout en continuant à se balancer, il leur raconte comment il faut faire. Ce n'est pas difficile, regardez. Il suffit que vous fassiez attention à la manière dont vous faites passer votre poids d'un pied sur l'autre sur le rythme de votre respiration. Il n'y a pas besoin d'avoir fait Saint-Cyr ou Polytechnique. Tout le monde peut le faire. J'ai une amie qui fait pratiquer des exercices de ce genre à de grands handicapés moteurs, dans un centre médical.

De fil en aiguille, son tour est venu de passer devant le guichet. Il expédie son achat en un instant et se dirige vers la sortie. Eh oui, pense-t-il, je suis trop souvent dans l'escalier. Mais peut-être, après tout, que ce n'est pas si mal. Tant que je marche, je me pose des questions. Et tant que je me pose des questions, je suis vivant. Le jour où je serai obligé de m'arrêter... Le Bienheureux aime passer des moments tranquilles sur son tapis de yoga, tout à ses *asanas* et à ses méditations. Ces exercices indispensables ont valeur d'entretien ; ils assurent une progression, mine de rien. Mais si l'on y réfléchit bien, où et quand se fait le vrai travail de fond ? Sur les trottoirs, chers amis et dans les escaliers ! C'est une réalité humaine que les moines zen connaissent depuis longtemps et qu'ils mettent en pratique assidûment. On marche beaucoup, chez les moines zen.

Et voilà notre Bienheureux qui rentre chez lui en s'organisant pour un bon exercice de marche à pied. Marche consciente le long de la Tour, sous les arcades. Bien dérouler ses pieds sur le sol, l'un après l'autre, à chaque pas. Bien peser de tout son poids sur la jambe d'appui et libérer complètement l'autre jambe, musculairement parlant. Décambrer les reins. Reculer un peu la nuque. Libérer son regard, c'est-à-dire tout voir sans rien regarder. Goûter la sensation des globes oculaires qui se reposent au fond des orbites. Détendre la langue, la nuque et les épaules. Trouver la respiration juste : une cadence des pas. Une respiration généreuse dans les expirs et qui se laisse descendre dans le diaphragme et jusque dans le ventre. Voilà qui vous occupe son homme ! Pas le temps de penser à rien d'autre.

Les visages qu'il croise, les affiches, les vitrines, les autobus, la vie qui grouille, tout cela est très présent, très réel, mais cela n'a plus le même goût ni les couleurs que tout à l'heure à la montée. Son mental ne sautille plus en tout sens, il se sent plus léger. Il laisse être ce qui est. Il faut maintenant traverser la place du 18-Juin. Traversée un tantinet périlleuse d'autant plus qu'il se met en devoir de traverser en dehors des passages piétons. C'est une petite coquetterie à laquelle il renonce difficilement. Un acte d'indépendance. Échapper une minute au troupeau. Comme s'il avait encore besoin de cela à son âge ! Les vieilles habitudes collent à la peau. Il a mal calculé son élan et doit terminer en courant pour échapper à la meute des voitures qui rugissent au feu vert ! Rien n'est parfait ! Devant le bureau de poste, il peut reprendre son souffle et l'exercice. L'escalier, toujours l'escalier !

Une dernière ligne droite avant d'arriver à la maison : le trottoir de la rue Littré descend en pente douce. Il n'est pas encombré. Le Bienheureux s'y engage sans hâte. Deux pas à l'inspir. Un pas en suspension de souffle, poumons pleins. Quatre pas à l'expir. Un pas en suspension de souffle, poumons vides. Un petit sourire en passant à la boulangère, sur la gauche. Un salut de main au marchand de légumes marocain sur la droite. Quelques zig zags parmi la marmaille, qui sort de l'école. Chaque fois son exercice chancelle quelques secondes. Mais il n'a pas trop de peine à le reprendre un peu plus loin. Il n'est pas dans le désert. Il ne pratique pas son exercice dans un caisson d'isolation sensorielle. Il marche en se rendant présent au monde présent, présent au présent des gens qui l'entourent.

Son exercice de marche, bien loin de l'isoler dans le *happy few* des heureux élus du Seigneur, le fait se sentir solidaire de cette foule des gens modestes qui se débattent dans une vie difficile. En même temps il marche comme tout le monde, avec tout le monde, en même temps que tout le monde, pour vaquer à ses affaires ordinaires, et en même temps il pratique un précieux exercice : celui d'habiter les gestes de sa marche, de les méditer. Cela vaut largement une séance de yoga et cela coûte moins cher. Mais c'est plus difficile.

Lorsqu'il pousse la porte pour rentrer chez lui, le Bienheureux a le sentiment du devoir accompli. Il a eu « faim de justice » et il a « travaillé à la paix et à la pureté du cœur ». Il se décerne un satifsfecit : « Heureux celui qui s'est montré fidèle sur des petites choses, il lui en sera confié de plus grandes. » Il sait qu'il va retrouver dans un instant sa table encombrée de travail inachevé, le téléphone qui sonne et les sauvages galopades de son imagination vers toutes sortes d'ailleurs. Mais pour l'heure, il va bien.

« *Espaces libres* »
au format de poche

DERNIERS TITRES PARUS

50. *La Psychologie de la divination,* de M.-L. von FRANZ.
51. *La Synchronicité, l'âme et la science,* ouvrage collectif.
52. *Islam, l'autre visage,* d'Eva de VITRAY-MEYEROVITCH.
53. *La Chronobiologie chinoise,* de Pierre CRÉPON et Gabriel FAUBERT.
54. *Sentences et proverbes de la sagesse chinoise,* choisis et adaptés par Bernard DUCOURANT.
55. *Vivre. Paroles pour une éthique du temps présent,* d'Albert SCHWEITZER.
56. *Jésus fils de l'homme,* de Khalil GIBRAN.
57. *Les Chemins du Zen,* de D. T. SUZUKI.
58. *Le 3e Souffle ou l'agir universel,* de Jeanne GUESNÉ.
59. *Le Testament de l'Ange. Les derniers jours de Gitta Mallasz,* de Bernard MONTAUD.
60. *Confiteor,* de Bernard BESRET.
61. *Les Mythes de l'Amour,* de Denis de ROUGEMONT.
62. *La Place de l'homme dans la nature,* du père TEILHARD DE CHARDIN, présenté par Jean ONIMUS.
63. *Communiquer pour vivre,* ouvrage collectif sous la direction de Jacques SALOMÉ.
64. *Accroche ta vie à une étoile,* de Stan ROUGIER.
65. *Du bon usage des crises,* de Christiane SINGER.
66. *Parole de terre. Une initiation africaine,* de Pierre RABHI.
67. *J'attends Quelqu'un*, de Xavier EMMANUELLI.
68. *Désert, déserts*, de Jean-Yves LELOUP.
69. *Le Graal,* de Jean MARKALE.
70. *Ultimes Paroles*, de KRISHNAMURTI.
71. *Moïse raconté par les Sages*, d'Edmond FLEG.
72. *Le Doigt et la Lune*, d'Alexandro JODOROWSKY.
73. *Thé et Tao, l'art chinois du thé*, de John BLOFELD.
74. *L'Égypte intérieure ou les dix plaies de l'âme,* d'A. de SOUZENELLE.
75. *L'Au-delà au fond de nous-mêmes. Initiation à la méditation,* d'A. et R. GOETTMANN.
76. *Le Soleil d'Allah brille sur l'Occident,* de S. HUNKE.
77. *Le Livre des prénoms bibliques et hébraïques*, de M.-A. OUAKNIN.
78. *Le Chant de l'Être,* de S. WILFART.

79. *La Parole au cœur du corps,* entretiens avec J. Mouttapa, d'A. de SOUZENELLE.
80. *Henri Le Saux, le passeur entre deux rives,* de M.-M. DAVY.
81. *La petite Sainte Thérèse,* de M. VAN DER MEERSCH.
82. *Sectes, Églises et religions, éléments pour un discernement spirituel,* de J.-Y. LELOUP.
83. *À l'écoute du cœur,* de Mgr MARTINI.
84. *L'Oiseau et sa symbolique,* de M.-M. DAVY.
85. *Marcher, méditer,* de M. JOURDAN et J. VIGNE.
86. *Le Livre du sourire,* de C. de BARTILLAT.
87. *Le Couple intérieur,* ouvrage collectif sous la dir. de P. SALOMON.
88. *Nous avons tant de choses à nous dire,* de R. BENZINE et C. DELORME.
89. *Tous les matins de l'amour,* de J. SALOMÉ.
90. *L'Orient intérieur,* ouvrage collectif sous la direction de M. DE SMEDT.
91. *Les Évangiles des quenouilles,* traduits et présentés par JACQUES LACARRIÈRE.
92. *Les Mémoires de l'oubli,* de J. SALOMÉ et Sylvie GALLAND.
93. *Qu'est-ce qu'une religion ?,* d'O. VALLET.
94. *Science et croyances,* de A. JACQUARD et J. LACARRIÈRE.
95. *Nicolas Berdiaev, ou la révolution de l'Esprit,* de M.-M. DAVY.
96. *Dernier avis avant la fin du monde,* de X. EMMANUELLI.
97. *Jésus et Bouddha,* d'O. VALLET.
98. *D'un millénaire à l'autre. La grande mutation,* collectif dir. par F. L'YVONNET.
99. *Un Juif nommé Jésus,* de M. VIDAL.
100. *Le Cercle sacré. Mémoires d'un homme-médecine sioux,* d'A. FIRE LAME DEER.
101. *Être à deux ou les traversées du couple,* collectif dir. par N. CALMÉ.
102. *La source du bonheur*, de C. BOIRON.
103. *Une passion*, de C. SINGER.
104. *Cent prières possibles*, d'A. DUMAS.
105. *L'Art de vivre au présent,* ouvrage collectif dir. par É. LE NOUVEL.
106. *Manque et Plénitude,* de J.-Y. LELOUP.
107. *Le Cercle de Vie.* de M. SÉJOURNANT.
108. *Le Théâtre de la guérison,* d'A. JODOROWSKY.
109. *Histoire d'âme,* de C. SINGER.

La composition de cet ouvrage
a été réalisée par l'Imprimerie Bussière,
l'impression et le brochage ont été effectués
sur presse Cameron dans les ateliers
de Bussière Camedan Imprimeries
à Saint-Amand-Montrond (Cher),
pour le compte des Éditions Albin Michel.

Achevé d'imprimer en avril 2001.
N° d'édition : 19813. N° d'impression : 011897/1.
Dépôt légal : avril 2001.